L'interprétation en droit : une question d'opinion ?

À mes petits-enfants.

L'interprétation en droit : une question d'opinion ?

Luc B. Tremblay
Professeur honoraire, Faculté de droit,
Université de Montréal

LES ÉDITIONS THÉMIS

Catalogage avant publication de Bibliothèque et Archives nationales du Québec et Bibliothèque et Archives Canada

Titre: L'interprétation en droit: une question d'opinion? / Luc B. Tremblay.
Noms: Tremblay, Luc B., 1958- auteur.
Description: Comprend des références bibliographiques et un index.
Identifiants: Canadiana 20230078737 | ISBN 9782894004944 (couverture souple)
Vedettes-matière: RVM: Droit—Interprétation. | RVM: Droit—Philosophie.
Classification: LCC K291.T72 2023 | CDD 340/.1—dc23

Mise en pages: Guylaine Michel (Claude Bergeron)
Graphisme: MIKE BERSON graphisme. design

Nous reconnaissons l'aide financière du gouvernement du Canada par l'entremise du Fonds du livre du Canada pour nos activités d'édition. *We acknowledge the financial support of the Government of Canada through the Canada Book Fund for our publishing activities.*

Éditions Thémis
Faculté de droit
Université de Montréal
Courriel: info@editionsthemis.com
Site Internet: www.editionsthemis.com
Téléphone: 514-343-6627

Tous droits réservés
© 2023 – Les Éditions Thémis inc.
Dépôt légal: 4ᵉ trimestre 2023

Imprimé au Canada

Table des matières

Introduction 1

Chapitre I
Le pluralisme interprétatif 9
1. Le pluralisme interprétatif selon P.A. Côté 12
2. Le pluralisme interprétatif selon Y. M. Morissette 16

Chapitre II
La primauté de l'opinion 25
1. La primauté du droit ou de l'opinion ? 27
2. Trois conséquences indésirables 29

Chapitre III
Les fondements du pluralisme interprétatif 43
1. Le fondationnalisme 44
2. La doctrine positiviste 48
3. La théorie positiviste du droit 55
4. Conclusion 64

Chapitre IV
Les limites de la doctrine positiviste 65
1. Une doctrine impérialiste 65
2. Les faits ne sont pas tous vérifiables 68
3. Les faits dépendent des théories qui les décrivent 71
4. Hilary Putnam 74
5. Conclusion 83

Chapitre V
Les limites de la théorie du droit de Hart 87
1. L'objet d'études de la théorie du droit de Hart 89
2. Décider selon son sens de ce qui est le mieux 92

3. Les conventions d'interprétation 98
4. Le statut juridique des conventions d'interprétation 105

Chapitre VI
Le juste et le bien 117
1. Le point de départ : P.A. Côté et les conventions................................ 117
2. La cohérence 122
3. Le juste et le bien 126
4. Le juste 132
5. Le bien 134
6. Illustration de la méthode d'interprétation contextuelle 145
7. Objections 149
8. Conclusion 151

Conclusion 155

Introduction

Un juriste consciencieux qui propose une interprétation d'un texte de loi litigieux ne prétend pas nécessairement qu'elle est la seule plausible, ni la seule raisonnable, ni même la seule respectable. Mais, en général, il prétend qu'elle est la meilleure, la plus raisonnable, la mieux justifiée, en un mot, qu'elle est « correcte » en droit et, par voie de conséquence, que la proposition qui l'exprime – la proposition interprétative – est « vraie ». Mais cela n'est qu'une prétention à la vérité : l'interprétation n'est pas nécessairement correcte et il ne suffit pas de croire qu'une proposition est vraie pour qu'elle le soit. Pour qu'une prétention à la vérité puisse être admise à titre de connaissance véritable, elle doit être justifiée. Quels types de considérations constituent de bonnes raisons de croire que les prétentions qu'une interprétation proposée est « correcte en droit » ou qu'une proposition interprétative est « vraie » sont suffisamment justifiées ? Cette question théorique est au cœur des réflexions fondamentales en matière d'interprétation juridique. La réponse est éminemment pratique : elle permet de rendre à chacun ce qui leur est dû même dans les cas où les textes de loi pertinents sont litigieux.

Or, selon plusieurs juristes, la question n'aurait pas d'objet. De leur point de vue, les prétentions à la vérité des propositions interprétatives ne seraient pas (ou très rarement) justifiées en droit. Dès qu'un texte de loi est litigieux, l'interprétation ne serait pas une question de droit : elle serait une question d'opinion et de pouvoir. Cette position est très répandue dans les facultés de droit, les bureaux d'avocats, la magistrature et, de plus en plus, dans la société en général ; elle pourrait même constituer une idée reçue. Mais elle ne va pas de soi. Elle participe d'une doctrine connue sous le nom de « scepticisme juridique » et ses versions les plus influentes procèdent du « positivisme juridique ».

Mon premier objectif, dans cet ouvrage, est d'examiner le bien-fondé de cette position. Au Canada, elle a été soutenue par plusieurs juristes, particulièrement en droit administratif aux fins de l'interprétation des lois. Mais elle concerne tous les textes de loi, incluant les lois constitutionnelles, dont la *Charte canadienne des droits et libertés*. Au Québec, elle a été défendue avec force par deux éminents juristes : Pierre-André Côté, auteur d'un traité remarquable sur l'interprétation de lois et professeur émérite de l'Université de Montréal, et Yves-Marie Morissette, juge à la Cour d'appel du Québec, ancien professeur de droit, doyen de la faculté de droit de l'Université McGill et auteur de plusieurs articles pénétrants sur l'interprétation des lois aux fins du droit administratif canadien. Leurs théories de l'interprétation représentent bien les versions dominantes du scepticisme juridique au sens large : elles procèdent toutes deux du positivisme juridique, notamment de la version brillante et incontournable avancée par le juriste et philosophe du droit, Herbert L.A. Hart. Mais elles sont distinctes. La théorie de Côté constitue une version de ce que je nommerai le « scepticisme juridique *stricto sensu* » ; la théorie de Morissette participe de ce que j'appellerai le « nihilisme juridique ». L'une est modérée, l'autre est radicale. Mais chacune contribue à légitimer la position selon laquelle l'interprétation des textes de loi litigieux n'est au fond qu'une question d'opinion et de pouvoir. Dans cet ouvrage, j'entends examiner au mérite les raisons qui soutiennent ce type de théories. Cette discussion constituera à la fois une introduction générale au positivisme juridique et une critique fondamentale de ses postulats.

Mon second objectif est de me concentrer sur la version avancée par Morissette. D'une part, j'ai examiné et critiqué en détail la théorie de Côté ailleurs. D'autre part, leurs fondements théoriques se recoupent.[1] Je clarifierai d'abord les fondements de la théorie de Morissette, car derrière son apparente simplicité se cachent des postulats philosophiques complexes et controversés. Je soutiendrai ensuite qu'il existe de bonnes raisons d'y résister. Puisque sa théorie ne peut avoir plus de force que celle de ses fondements, je conclurai qu'elle est mal fondée. Cela dit, je partage avec Morissette deux attitudes de départ : une méfiance à l'égard des « absolus », que ce soit la « Vérité », la « Justice » ou le « Bien » en majuscules, et une

---

[1] Voir : Luc B. Tremblay, « La norme de retenue judiciaire et les 'erreurs de droit' en droit administratif : une erreur de droit ? Au-delà du fondationnalisme et du scepticisme », (1996) 56 *R. du B.* 141 [ci-après « La norme de retenue judiciaire »] ; Luc B. Tremblay, « Le droit a-t-il un sens ? Réflexions sur le scepticisme juridique », (1999) 42 *Revue interdisciplinaire d'études juridiques* 13 [ci-après « Le droit a-t-il un sens ? »] ; Luc B. Tremblay, « Le pluralisme interprétatif ou carré blanc sur fond blanc. Une histoire juridique (extrait) », dans Mathieu Devinat et Stéphane Beaulac, *Interpretatio non cessat : Mélanges en l'honneur de Pierre-André Côté*, Cowansville, Édition Yvon Blais, 2011, p. 327 [ci-après « Carré blanc sur fond blanc »].

méfiance à l'égard des interprétations absolument certaines fondées sur un sens véritable qui résiderait « dans » le langage des textes de loi litigieux. La difficulté vient après : que fait-on à partir de là et pourquoi ?

Mon troisième objectif est de proposer une réponse à cette question. Je poserai l'hypothèse et soutiendrai qu'il existe des critères juridiques objectifs d'une bonne interprétation des textes de loi litigieux dont on peut dire qu'elle est « correcte » en droit. Ces critères sont décisifs et ils résident dans les notions de cohérence, du juste et du bien. Il arrive parfois que les juristes le reconnaissent, mais il est rare qu'ils s'aventurent à les définir ou à préciser leur contenu. Après tout, n'enseigne-t-on pas que la spécialité du juriste est le droit positif et non pas le juste ou le bien ? Ne doit-on pas aussi séparer le droit et la morale ? Et la morale n'est-elle pas relative et subjective à chacun ? Dans mes travaux antérieurs, j'ai néanmoins fait le pari et pris le parti de la cohérence, de la justice et du bien. Mais il est clair que je n'ai pas été suffisamment précis sur la nature même du juste et du bien permettant de déterminer et de justifier d'une manière décisive la bonne interprétation des textes de loi litigieux.[2] Dans cet ouvrage, j'entends corriger cette lacune.

---

[2] Dans *The Rule of Law, Justice, and Interprétation*, Montréal, McGill University Press, 1997, chap. 6, par exemple, j'ai soutenu que l'interprétation des textes de loi devait procéder dans le cadre d'une conception de la primauté du droit dont les principes constitutifs ont pour objet la réalisation et le maintien de la « justice » ; j'y ai exposé leur nature, ainsi que la méthodologie permettant d'établir leur contenu spécifique et de les appliquer ; et j'ai avancé qu'une lecture adéquate de la pratique révèlerait que les raisons justifiant les jugements de valeur sont ultimement fondées sur une construction cohérente de ce qui est accepté comme moralement juste dans la communauté où le droit s'applique. Bien que je n'aie pas changé de point de vue sur la « primauté du droit comme justice », je préciserais maintenant que les raisons fondées sur « ce qui est accepté comme moralement juste dans la communauté où le droit s'applique » (p. 180 et suiv.) ne dérivent pas nécessairement d'un ordre cohérent de valeurs sociales *substantielles* comme si la société formait un tout homogène. Elles pourraient être inférées d'une conception formelle et procédurale du juste appliquée en contexte, compte tenu du bien de chaque partie affectée, tel que chacun le comprend à la lumière de sa conception du monde, de sa culture et de son mode de vie. C'est ce que je soutiendrai plus loin, au chapitre VI. Par ailleurs, dans « Le droit a-t-il un sens ? », *id.*, je soutenais que si Côté croyait que les jugements moraux (sur le juste et le bien) sont subjectifs et relatifs, il nous forcerait à affronter directement certaines questions fondamentales : « existe-t-il ce que les philosophes nomment parfois, à défaut d'autres termes, un ordre indépendant de "faits moraux ou évaluatifs" permettant de justifier ou fonder les jugements moraux ? Y a-t-il un bien humain ou un bien commun objectif ? La justice a-t-elle un sens au-delà des valeurs relatives de chacun ? ». Puisque j'ignorais sa position sur ces questions, je soumettais que le « débat

J'entends montrer que les notions du juste et du bien ne sont pas relatives à chaque interprète. Elles possèdent un sens formel et procédural objectif capable de contraindre réellement le processus d'interprétation. Je les formulerai en des termes qui ne devraient pas être controversés, tels que l'impartialité et la proportionnalité. Quant à leur contenu matériel, contrairement à ce que proposent les approches les plus influentes, je soutiendrai qu'il n'est pas déterminé dans *l'abstrait* à partir d'un ordre normatif substantiel objectif, quelle que soit sa source : l'intention du législateur, le langage ordinaire, les buts des textes de loi, leur historique, les traditions juridiques, les valeurs sociales, la morale substantielle universellement valable fondée en raison (droit naturel ou autres), etc. Il est déterminé en *contexte*, selon les faits empiriques pertinents incluant le sens que les parties donnent à leur propre bien, compte tenu de leur propre vision du monde, mode de vie et culture.

Par ailleurs, le fondement de ces critères réside dans les conventions d'interprétation des textes de loi litigieux. Il ne réside pas dans une théorie morale substantielle, telle que la théorie classique du droit naturel, l'utilitarisme, le libéralisme défendu par quelque philosophe prestigieux ou autre (bien que ces théories aient pu ou puissent agir de support aux conventions). Leur fondement juridique est inscrit dans la nature même du processus d'interprétation des textes de loi litigieux, tel qu'il opère en pratique depuis des siècles malgré le discours « officiel » (du moins en common law et en droit civil). Cette théorie pourrait donc, aux conditions que nous examinerons, être conçue comme une version sophistiquée des théories du droit objectivistes, conventionnalistes, contextualistes et pluralistes.

Je clarifierai les termes du débat au premier chapitre à partir de ce qu'on pourrait nommer « le fait du pluralisme interprétatif », c'est-à-dire, du fait incontestable qu'il existe des cas où un même texte de loi ou un même ensemble de textes appuie une pluralité d'interprétations jugées raisonnables sans que l'on puisse s'accorder sur la « bonne » interprétation, la seule dont on puisse dire qu'elle est correcte en droit et que la proposition qui l'exprime est vraie. À cette fin, j'introduirai une distinction entre trois cas de figure où ce fait peut se manifester : les cas où la bonne

---

entre nous... [était] rendu là » (p. 39-40). Il est regrettable que la discussion n'ait pas pu se poursuivre, car elle aurait jeté un éclairage sur sa propre théorie de l'interprétation. Pour ma part, j'ai tenté modestement de préciser dans certains de mes travaux en quoi une bonne interprétation dépend ultimement du juste et du bien. Voir : *id.*, p. 40 et suiv., ainsi que les textes mentionnés en annexe. Un objectif du présent ouvrage est de poursuivre cette réflexion.

interprétation est incertaine; les cas où il est incertain qu'il existe une bonne interprétation; et les cas où il est certain qu'il n'existe pas de bonne interprétation. Cette distinction permettra de distinguer l'objectivisme juridique des deux doctrines qui forment le scepticisme juridique au sens large, soit le scepticisme juridique *stricto sensu* et le nihilisme juridique. Je présenterai ensuite les propositions constitutives de la version du scepticisme *stricto sensu* avancée par Côté, ainsi que celles de la version du nihilisme juridique avancée par Morissette.

Le scepticisme juridique au sens large est une doctrine qui implique ce que je nommerai la « primauté de l'opinion » par opposition à la « primauté du droit ». Au second chapitre, je soulèverai trois conséquences indésirables qui pourraient s'ensuivre si la pratique et le discours juridiques admettaient la vérité de cette doctrine. Ce sont ces conséquences qui ont motivé la rédaction de cet ouvrage. L'une d'entre elles soulève une question particulièrement préoccupante : existe-t-il des limites légitimes à l'opinion des juges dans le cadre de la culture politique des démocraties contemporaines ? Car comme on le sait, cette culture se caractérise par le pluralisme et la diversité culturelle : le fondement des opinions jugées « raisonnables » par les uns et les autres tend à être de moins en moins partagé. Cela soulève cette autre question : l'imposition coercitive de l'opinion personnelle et subjective de quelques juges à propos de ce qu'une loi litigieuse « devrait » signifier comme norme commune est-elle légitime à l'égard de ceux qui sont en désaccord en raison de leur conception du bien fondée sur une vision du monde, une culture ou un mode de vie différent bien que légitime ? Mais, plus préoccupante encore est de savoir où peut mener la primauté de l'opinion dans une culture politique qui se caractérise de plus en plus par la polarisation et par une stratégie politique « post-vérité » qui excitent les démagogues et les populistes de droite et de gauche.

Il semble, en effet, indéniable que la qualité des arguments avancés au soutien des opinions « politiques » tend à s'effriter et que cet état de choses survient dans un contexte culturel plus large où des courants de pensée conservateurs et post-modernes influents dévalorisent la « raison » et la « vérité », même scientifique, au profit du pouvoir, des sentiments, des intuitions, du « gros bon sens », des émotions, des préjugés, des identités religieuses et nationales, etc. Tant que la magistrature saura résister à cette tendance, on pourrait accepter la primauté de l'opinion en tant que mal nécessaire ou moindre mal. Mais, si nous en venions à tenir pour avéré le fait que l'interprétation en droit n'est *véritablement* au fond qu'une question d'opinion, je vois difficilement comment elle pourrait résister : l'interprétation des textes de loi deviendrait *ipso facto* une question d'opinion.

Dès lors, rien n'empêcherait les politiciens élus qui participent de cette culture de ne nommer que des juges qui adhèrent à leurs propres opinions, même les plus excentriques et mensongères. Pourquoi s'en priveraient-ils du reste ? Comme on le voit ailleurs en occident, la magistrature pourrait bien être parmi les premières victimes. Quiconque s'intéresse à la primauté du droit – et croit encore qu'il existe quelque chose comme le juste et le bien – devrait, me semble-t-il, évaluer sérieusement ce que nous avons à gagner ou à perdre à accepter une telle conception du droit qui réduit l'interprétation à une question d'opinion et de pouvoir.

Au chapitre III, je rappellerai les propositions essentielles de la théorie du pluralisme interprétatif avancée par Morissette et j'examinerai ses fondements, tels que je les comprends. Je soutiendrai qu'ils résident dans trois thèses : 1/ le « fondationnalisme » ; 2/ une doctrine philosophique positiviste ; et 3/ une théorie du droit positiviste, notamment celle avancée par H.L.A. Hart. Mon objectif sera de les clarifier du mieux possible, car la force d'une théorie dépend des raisons qui la justifient. Il m'a semblé, à tort ou à raison, que Morissette ne les a pas suffisamment examinés. Cette discussion constituera une introduction générale aux fondements du positivisme juridique, de même qu'à la théorie du droit avancée par Hart.

Les deux chapitres suivants critiquent les fondements de cette théorie. Au chapitre IV, je critique la doctrine philosophique positiviste. En vertu de cette doctrine, les seuls critères qui peuvent nous assurer qu'une proposition interprétative est vraie sont la certitude absolue (vérité de raison) et la vérifiabilité de la proposition par rapport à un fait empirique (vérité de faits). Il s'ensuit que les interprétations proposées des textes de loi litigieux ne peuvent pas (ou très rarement) être vraies ; elles ne peuvent relever que de l'opinion. J'opposerai à cette doctrine le fait que les critères de vérité et de connaissance qu'elle postule comportent d'importantes limites. En particulier, je référerai aux travaux du philosophe des sciences Hilary Putnam, non seulement pour leur importance, mais surtout pour le motif que Morissette lui-même y réfère avec approbation pour appuyer la doctrine du « scepticisme épistémologique ». Or, selon Putnam, les critères de vérité et de connaissance sont distincts de ceux que postule Morissette. Ils résident dans le « rationnellement acceptable », compte tenu du contexte et de tout ce que l'on sait par ailleurs, y compris à propos du juste et du bien.

On pourrait avancer que ce critère « d'acceptabilité rationnelle » (ou autre du même genre) pourrait justifier la théorie du droit de Hart et, conséquemment, la théorie de Morissette, bien que ce soit par un chemin autre que la doctrine positiviste critiquée au chapitre IV. J'examine cette thèse au chapitre V et je la rejette. Je ne nierai pas que la théorie du droit avancée par Hart puisse être rationnellement acceptable à certaines fins (dont certaines seront examinées au chapitre VI). Mais je soutiendrai qu'il n'est pas rationnel de l'accepter lorsque notre objet d'études est la nature de l'interprétation des textes de loi litigieux. Mes motifs seront internes aux postulats «conventionnalistes» de la théorie du droit de Hart: je ne procéderai donc pas des théories du droit «antipositivistes» ou «non positivistes» les plus influentes, telles que celles avancées par Ronald Dworkin, John Finnis, Lon Fuller ou autres (bien que mes propos puissent être compatibles avec les leurs).

Le dernier chapitre met en forme le troisième objectif mentionné plus haut. Je soutiendrai qu'il existe des conventions qui énoncent les critères décisifs d'une bonne interprétation des textes de loi litigieux dont on puisse dire qu'elle est «correcte» en droit. Ces critères résident ultimement dans les notions de cohérence, du juste et du bien. Mon objectif sera de formuler la teneur de cette proposition fondamentale. La thèse avancée impliquera qu'il existe au moins une autre conception du pluralisme interprétatif, une conception qui admet à la fois l'existence d'interprétations objectivement correctes et l'existence de désaccords, parfois irréductibles, entre les interprètes (juges, administrateurs, praticiens, élus, parties ou citoyens), soit en raison de l'expertise relative de chacun à propos d'une question de fait ou de droit, soit en raison de nos conceptions concurrentes du juste et du bien, du monde, de la vie, du droit, de son but et de sa raison d'être dans la société et dans nos vies. La théorie de l'interprétation qui en résulte récuse à la fois le formalisme juridique et les interprétations abstraites, d'une part, et la subjectivité des juges, d'autre part. Elle est conventionnaliste et contextualiste, tout en demeurant à la fois objectiviste et pluraliste.

Cet ouvrage n'a pas pour but de promouvoir le «noble mensonge» ou de laisser entendre que les juges sont désincarnés, ou qu'ils ne font jamais prévaloir leurs opinions subjectives, ou qu'ils n'essaient jamais d'infléchir le droit en vue d'atteindre des résultats qu'ils jugent personnellement souhaitables, ou qu'ils ne privilégient jamais certaines idéologies, préférences politiques ou morales, en somme, qu'ils ne «manipulent» jamais le droit. Ça, je suppose qu'on le sait. L'objectif est d'examiner la doctrine du pluralisme interprétatif conçue dans le cadre du scepticisme juridique afin d'évaluer si elle constitue une représentation «correcte» ou «rationnellement acceptable» de la nature profonde ou interne de l'interprétation juridique.

Je prendrai principalement comme cible la théorie avancée par Y.-M. Morissette pour trois raisons. La première est qu'elle reflète adéquatement plusieurs des postulats « sceptiques » d'arrière-plan qui animent les débats en matière d'interprétation des textes de loi litigieux dans les facultés de droit, les bureaux d'avocats, la magistrature et même dans la société en général. La seconde est que sa théorie est beaucoup plus profonde et complexe qu'elle n'y paraît après une seule lecture. Ses prémisses puisent à la philosophie du droit et ses conséquences frappent au cœur même de certains idéaux en matière de justice. Il est trop rare au Québec que des juristes se lancent dans de telles réflexions. C'est pourquoi j'estime qu'elle doit être examinée au mérite. J'entends le faire avec déférence, étant entendu que la plus grande marque de respect pour les travaux d'autrui demeure l'examen critique de ses thèses fondamentales. Ma troisième raison est personnelle. Il y a plusieurs années, dans un ouvrage produit en l'honneur de Pierre-André Côté, j'avais rédigé une fable sur le pluralisme interprétatif.[3] L'un des protagonistes (je l'appelais « côté cour ») avançait une thèse fondée sur celle de Morissette. Je m'étais alors promis en toute justice de l'examiner plus sérieusement un jour afin de voir si, au-delà de la « morale » qu'exprimait la fable, elle est bien fondée. J'exécute ici ma promesse.

---

[3] Voir Tremblay, « Carré blanc sur fond blanc », supra note 1.

Chapitre I
Le pluralisme interprétatif

Il est incontestable qu'il existe des cas où un même texte de loi ou un même ensemble de textes appuie une pluralité d'interprétations jugées raisonnables sans que l'on puisse s'accorder sur la « bonne » interprétation, la seule dont on puisse dire qu'elle est correcte en droit et que la proposition qui l'exprime est vraie. C'est ce qu'on peut appeler le *fait du pluralisme interprétatif*. La question intéressante est de savoir pourquoi il en est ainsi. La réponse pourrait procéder de l'une ou l'autre des doctrines suivantes : l'objectivisme juridique, le scepticisme juridique *stricto sensu* et le nihilisme juridique. Selon la première, le fait du pluralisme interprétatif résulterait de cas où la bonne interprétation est incertaine. Selon la seconde, il résulterait de cas où il est incertain qu'il existe une bonne interprétation. Selon la troisième, il résulterait de cas où il est certain qu'il n'existe pas de bonne interprétation.

Les théories dominantes de l'interprétation sont « objectivistes ». Elles postulent l'existence de quelque fait objectif indépendant de l'esprit de l'interprète dont les propriétés constitutives établiraient les standards juridiques en vertu desquels les interprétations proposées peuvent être vraies ou fausses. Les faits objectifs peuvent être les textes, l'intention subjective de l'auteur, le but du texte de loi, les valeurs sociales, la tradition juridique, la morale objective, ou autres. Les standards (principes, critères) juridiques sont censés être dotés d'un sens véritable auquel les interprètes auraient accès à la condition de suivre la « bonne » méthode. Ils énoncent les conditions nécessaires et suffisantes permettant de déterminer si une interprétation proposée est correcte en droit. On les dit « objectif » en ce qu'ils s'appliquent à chacun indépendamment de leurs opinions subjectives, de leurs désirs ou de leurs intérêts.

Cela dit, les théories objectivistes admettent que l'interprétation correcte des textes de loi litigieux peut être incertaine en raison des circonstances particulières d'une affaire donnée, telles que l'expertise relative des interprètes, les éléments de preuve disponibles, les conceptions du bien et du monde de chacun, les cultures des uns et des autres, etc. D'où les désaccords et les litiges. Cela ne signifie pas qu'il n'existe pas d'interprétation correcte ou vraie, mais que les interprètes peuvent légitimement douter de la force normative des interprétations proposées. En ce sens, il existe bien une forme de « scepticisme » à l'égard des prétentions à la vérité des interprétations proposées. Mais ce scepticisme est « trivial » : il ne remet pas en question l'existence du droit : l'interprétation demeure une question de droit. Par analogie : il est certain que la proposition « César était le père de Césarion » est vraie ou fausse en vertu de faits objectifs historiques précis ; mais il demeure incertain qu'elle soit l'une ou l'autre.

Tous les juristes ne sont pas objectivistes. Plusieurs d'entre eux adhèrent à ce qu'il est convenu de nommer le « scepticisme juridique » au sens large. Cette forme de scepticisme est distincte du scepticisme « trivial » propre aux théories objectivistes. Elle n'admet pas que les interprétations proposées peuvent être correctes ou vraies ; les juristes ne seraient donc pas fondés à croire en la vérité des propositions interprétatives.

Le scepticisme juridique au sens large recouvre deux doctrines : le « scepticisme juridique *stricto sensu* » et le « nihilisme juridique ». Selon le scepticisme juridique *stricto sensu*, nous ne pouvons pas savoir s'il existe quelque fait objectif en vertu duquel les interprétations proposées des textes de loi litigieux pourraient être correctes ou vraies. Sur cette question, nous ne pouvons donc pas savoir si la vérité est accessible. Il s'ensuit que l'existence d'interprétations correctes de tels textes est *incertaine*. Les juristes devraient donc *douter* de toutes les prétentions à la vérité en cette matière. Les motifs avancés varient, mais ils sont généralement d'ordre « épistémologique » : on ne pourrait établir d'une manière scientifique, démonstrative, philosophique ou autrement *ni* que les textes de loi litigieux possèdent un sens véritable *ni* qu'ils n'en possèdent pas. Par analogie, on peut penser à Protagoras qui écrivait : « sur les dieux, je ne puis rien dire, ni qu'ils soient, ni qu'ils n'y soient pas : bien des choses empêchent de le savoir, d'abord l'obscurité de la question, ensuite la brièveté de la vie humaine ». Puisque nous ne pouvons pas savoir si la vérité est accessible en matière d'interprétation, nous ne pouvons pas savoir si les propositions interprétatives sont vraies. Et puisque le faux dépend de l'existence d'un fait objectif à propos duquel la vérité peut être établie, on ne peut pas savoir si les propositions sont fausses (le faux est corrélatif du vrai). En ce sens, les propositions interprétatives ne peuvent être *ni* vraies *ni* fausses.

Selon le nihilisme juridique, en revanche, nous savons qu'il n'y a rien (*nihil*) – aucun fait objectif – en vertu de quoi les interprétations proposées des textes de loi litigieux pourraient être correctes ou vraies. Sur cette question, la vérité est atteignable. Il est donc *certain* qu'il n'existe pas d'interprétations juridiques correctes de tels textes. Par conséquent, les juristes devraient *nier* toutes prétentions à la vérité des propositions interprétatives. Les motifs avancés sont variés, mais ils incluent toujours au moins une prémisse d'ordre « ontologique » selon laquelle les « faits objectifs » censés établir, déterminer ou fixer le sens véritable des textes de loi (langage, intention, but, etc.) ne possèdent pas le type de propriétés capables d'en constituer un. Puisque nous savons que les textes de loi litigieux ne possèdent pas de sens véritable, nous savons aussi que les propositions interprétatives sont toutes fausses dans la mesure où elles affirment ou présupposent qu'ils en possèdent un. Risquons une analogie : si nous savons qu'il n'existe pas de licornes sur le Mont-Royal, alors nous savons que la proposition « le Mont-Royal abrite des licornes qui chantent la nuit » est fausse, car sa vérité dépend d'un fait dont l'inexistence est certaine. Si nous savons que le « droit à la vie » énoncé dans la Charte ne possède pas de sens véritable, alors nous savons que la proposition « le droit à la vie inclut nécessairement le droit de se donner la mort » est fausse, car elle présuppose *erronément* que le droit à la vie en possède un. Il s'ensuit, selon le nihilisme juridique, que les propositions interprétatives des textes de loi litigieux sont toutes *fausses*.

J'ai mentionné en introduction que le scepticisme juridique au sens large a plusieurs représentants au Canada, dont deux éminents juristes québécois : Pierre-André Côté pour le scepticisme *stricto sensu* et Yves-Marie Morissette pour le nihilisme juridique. D'une part, leur prestige et leur influence auprès des juges, des avocats, des étudiants et des professeurs de droit canadiens sont indéniables. D'autre part, leurs théories de l'interprétation s'inscrivent dans le cadre des débats centraux en philosophie du droit contemporaine : elles procèdent des thèses sceptiques qui découlent, en bout d'analyse, du positivisme juridique, notamment de la version brillante et incontournable proposée par le professeur H.L.A. Hart, titulaire de la chaire de « jurisprudence » à l'Université d'Oxford de 1952 à 1969.[4] Pour ces seuls motifs, leurs théories doivent être examinées au mérite.

---

4   Voir, par exemple, son ouvrage devenu un classique : Herbert L.A. Hart, *The Concept of Law*, Oxford University Press, 1961. Cet ouvrage, bien que critiqué et perfectible, demeure à ce jour l'un des plus importants textes théoriques produits dans la tradition du positivisme juridique. À mon avis, tous les étudiants en droit et les juristes

La théorie de l'interprétation avancée par Côté est probablement la plus connue des deux. J'ai critiqué le bien-fondé de cette théorie ailleurs.[5] Je n'y reviendrai dans cet ouvrage que dans la mesure où ce sera utile pour illustrer mon propos. Mon objectif est plutôt d'examiner le bien-fondé de la théorie de l'interprétation proposée par Morissette. J'entends montrer ses limites et, par ce biais, celles du scepticisme juridique fondé sur le positivisme juridique. Dans cette mesure, cet ouvrage constitue à la fois une introduction générale aux théories sceptiques de ce genre et une critique fondamentale de ses postulats positivistes. Mais avant d'aller plus loin, je voudrais rappeler brièvement les raisons pour lesquelles j'associe Côté au scepticisme *stricto sensu* et Morissette au nihilisme juridique.

1. Le pluralisme interprétatif selon P.A. Côté

P.A. Côté a produit plusieurs études remarquables sur l'interprétation des lois, dont un traité en 1981 qui est rapidement devenu un ouvrage de référence au Canada et ailleurs dans le monde.[6] Ses premiers travaux, il est vrai, procédaient des théories de l'interprétation objectivistes: l'interprétation était conçue comme une entreprise «cognitive» dont l'objet était la connaissance de l'intention subjective du législateur historique exprimée dans les textes de loi; il s'ensuivait que le sens véritable des normes juridiques résidait «dans» le langage utilisé par le législateur pour exprimer son intention.[7] C'est ce que Côté a par la suite nommé la «théorie officielle de l'interprétation».[8] Cependant, les avancées théoriques en philosophie du droit à la fin du vingtième siècle l'ont porté à rompre avec la théorie officielle de l'interprétation et à s'engager dans la voie du scepticisme juridique.[9] Désormais, affirmait-il, «il faut abandonner l'idée que

---

       contemporains devraient le lire en entier. Il constitue un texte de base indispensable à la compréhension du discours juridique et judiciaire contemporain.

[5]   Voir, par exemple: Tremblay, «La norme de retenue judiciaire», supra note 1; Tremblay, «Le droit a-t-il un sens?», supra note 1; Tremblay, «Carré blanc sur fond blanc», supra note 1.

[6]   Voir: Pierre-André Côté, *Interprétation des Lois*, Montréal, Les Éditions Thémis, 1981 (et ses éditions subséquentes).

[7]   Voir: *id.*

[8]   Voir: Pierre-André Côté, *Interprétation des Lois*, 2e éd., Montréal, Les Éditions Thémis, 1990.

[9]   Parmi les auteurs qui semblent l'avoir convaincu, je citerais les suivants: Owen Fiss, «Objectivity and Interpretation», (1982) 34 *Stan L. Rev.* 739; Paul Amselek, «La

pour chaque texte, il y a un 'sens véritable' et une multitude de sens erronés ».[10] Le sens d'un texte de loi est toujours le résultat d'une activité d'interprétation.[11] C'est un processus de « création sujette à des contraintes ».[12]

Ces affirmations semblent réfuter l'idée même qu'il puisse y avoir quelque vérité en matière d'interprétation des lois. Mais cette inférence est trop hâtive. Si elle semble valide, c'est parce que Côté postule que les seuls types de considérations capables de justifier les prétentions qu'une interprétation est « correcte » en droit ou qu'une proposition interprétative est « vraie » relève d'un raisonnement qui prouve qu'elle correspond à l'intention subjective de l'auteur à l'époque de l'adoption contenue « dans » le texte. L'affirmation qu'il faut « abandonner l'idée que pour chaque texte, il y a un 'sens véritable' et une multitude de sens erronés » avait spécifiquement pour objet la thèse selon laquelle le sens véritable des textes est fixé par l'intention de l'auteur et la théorie selon laquelle la vérité est une question de « correspondance » à l'intention du législateur.[13] C'est pourquoi, soutenait-il, si on accepte sa théorie de l'interprétation, alors « on doit abandonner l'idée que la définition de la vérité en matière d'interprétation doit être rattachée à la pensée de l'auteur ».[14] L'évaluation d'une interprétation proposée ne consiste donc pas à se demander si elle « correspond à l'étalon 'intention de l'auteur' », c'est-à-dire, si elle exprime « le 'sens véritable' du texte ».[15] Elle consiste plutôt à vérifier si l'interprète a fait « un usage légitime du pouvoir qu'il lui était donné d'attribuer un sens au

---

teneur indécise du droit », (1991) 107 *Rev. dr. pub.* 1199 ; Stanley Fish, *Is There a Text in This Class?*, Cambridge, Harvard University Press, 1981 ; et Hans Georg Gadamer, *Vérité et méthode*, 2e éd., Tübingen, Mohr, 1965.

[10] Pierre-André Côté, « La notion d'interprétation manifestement déraisonnable – vers une redéfinition de l'erreur d'interprétation », *Actes de la XIe Conférence des juristes de l'État*, Cowansville, Les Éditions Yvon Blais, 1992, 107, à la p. 114.

[11] *Id.*, à la p. 111 et suiv.

[12] Voir : Pierre-André Côté, « L'interprétation des lois, une création sujette à des contraintes », (1990) 50 *R. du B.* 329 ; Pierre-André Côté, *Interprétation des Lois*, 3e éd., Montréal, Les Éditions Thémis, 1999.

[13] Je reviendrai plus loin sur la notion de « vérité-correspondance ». Je l'ai examinée plus en détail dans Tremblay, « La norme de retenue judiciaire », supra note 1. Voir aussi Tremblay, supra note 2.

[14] Côté, supra note 10. Je suis d'accord avec sa critique nuancée de la notion d'intention de l'auteur formulée dans son traité : Côté, *Interprétation des Lois*, supra note 12, à la p. 16 et suiv. Voir Tremblay, « La norme de retenue judiciaire », *id.*, 155-56.

[15] Côté, supra note 10.

texte. Il ne s'agit pas de savoir si l'interprétation est vraie : on doit vérifier si elle est *valide* ».[16] Mais qu'est-ce que cela ?

Selon Côté, la validité des interprétations dépend d'un ensemble de « conventions d'interprétation ». Ces conventions sont des faits sociaux (et judiciaires) objectifs qui définissent la communauté d'interprétation qui les acceptent et qui indiquent les méthodes d'interprétation légitimes, incluant les objectifs que vise l'activité même d'interpréter les textes de loi litigieux (suivre l'intention du législateur, par exemple) et les facteurs dont il faut tenir compte à cette fin (le but du texte de loi, le sens ordinaire des mots, la cohérence du droit, etc.).[17] Toutes les interprétations « raisonnables » (défendables, plaidables) qui peuvent être retenues compte tenu du libellé du texte de loi et des conventions d'interprétation sont donc *valides* et l'interprète qui en retient une fait un usage légitime de son pouvoir d'interpréter les textes de loi.[18]

La théorie de Côté rompt ainsi avec la théorie officielle de l'interprétation. Cependant, elle ne rompt pas nécessairement avec l'objectivisme juridique. Selon lui, il existe des textes pour lesquels les conventions ne justifient qu'un seul sens. C'est l'hypothèse du « sens clair ». Dans ces cas, soutient-il, « un interprète normal ne pourrait pas ne pas le retenir ».[19] L'interprétation qui l'exprime est donc valide et légitime. Cependant, s'il est vrai qu'un interprète normal ne pourrait pas ne pas la retenir, ne pourrait-on pas aussi dire que cette interprétation est « correcte » en droit et que la proposition qui l'exprime est « vraie » ? Côté répondrait non. Mais sa réponse ne serait valable qu'en raison de sa critique qui a pour objet les prétentions à la vérité vérifiables à l'aune de « l'étalon 'intention de l'auteur' ». Car une fois que l'intention de l'auteur est écartée en tant qu'étalon des interprétations correctes ou vraies, il n'y a aucune erreur conceptuelle à affirmer que les interprétations peuvent être correctes ou vraies en vertu d'autres faits objectifs, tels que ceux qui, selon sa propre théorie, constituent le seul fondement *légitime* du sens des textes de loi, c'est-à-dire, les conventions d'interprétation. En effet, puisque ces faits objectifs sont capables de justifier la seule interprétation « qu'un interprète normal ne peut pas ne pas retenir », il n'y a aucune erreur conceptuelle à soutenir que ces

---

[16] *Id.*

[17] Ces conventions définissent de ce fait la communauté d'interprétation à laquelle appartient l'interprète.

[18] Côté, supra note 10. Voir aussi infra le paragraphe accompagnant la note 297.

[19] *Id.*

interprétations sont correctes en droit : selon sa propre théorie, il n'y a rien d'autre – aucun fait objectif autre que les conventions d'interprétation – en vertu de quoi elles pourraient l'être. Ainsi conçue, la théorie de Côté est objectiviste sans le dire, car nous savons (ou devrions savoir) qu'il existe des faits objectifs (les conventions d'interprétation) en vertu desquels certaines interprétations sont correctes en droit et en vertu desquels les interprétations proposées peuvent être vraies ou fausses.

Cependant, selon Côté, il existe aussi des textes pour lesquels les conventions justifient une pluralité d'interprétations défendables.[20] C'est l'hypothèse du « sens obscur ». Dans ces cas, soutient-il, on doit rechercher la « meilleure » interprétation, c'est-à-dire, « laquelle est *préférable* ».[21] Si l'on ne s'entend pas sur l'interprétation préférable, alors – dit-il – il faut s'en remettre à un arbitre ou à un juge qui tranchera. D'accord. Mais que signifie pour les interprètes « rechercher l'interprétation préférable » ? Existe-t-il quelque fait objectif dans le monde en vertu duquel les interprétations des textes de loi litigieux sont préférables aux autres ? Certes, s'il y en avait, on pourrait vouloir affirmer que les propositions qui les expriment sont vraies. Le problème est qu'on ne le sait pas : Côté ne propose aucun critère du « préférable » et ne postule ni qu'il en existe ni qu'il n'en existe pas. Nous ne pouvons donc pas savoir si la vérité est atteignable en cette matière. Il s'ensuit que nous ne pouvons affirmer ni qu'il existe des interprétations des textes de loi litigieux objectivement préférables aux autres ni qu'il n'en existe pas. Leur existence ou inexistence est incertaine. Nous ne pouvons donc pas savoir si les conventions d'interprétation *peuvent* justifier des interprétations correctes ou vraies en droit au-delà de l'hypothèse du « sens clair ». Les prétentions que certaines interprétations des textes de loi litigieux sont « préférables » aux autres ne sont donc *ni* vraies *ni* fausses.

C'est pourquoi, à ce point, Côté change de registre : il conclut que, dans cette hypothèse, « [la] vérité du sens dépendrait alors du pouvoir que les institutions reconnaissent à certains interprètes de faire prévaloir leur conception de ce que constitue le meilleur sens d'un texte ».[22] En d'autres mots, l'interprétation préférable est une question d'opinion et de pouvoir : celle qu'exprime la décision de l'arbitre ou du juge est « réputée exprimer le 'vrai sens' du texte ».[23]

---

[20] *Id.*, p. 115.
[21] *Id.*
[22] *Id.*
[23] *Id.*

Je reviendrai sur la notion d'opinion au prochain chapitre. Je reviendrai aussi sur la théorie conventionnaliste de Côté au dernier chapitre. Elle servira de point de départ de la thèse selon laquelle il existe des conventions d'interprétation qui énoncent les critères « décisifs » d'une interprétation valide des textes de loi litigieux dont on puisse dire qu'elle est correcte ou vraie. Pour le moment, ce qui précède suffit pour montrer que, lorsque les textes de loi sont litigieux, la théorie de Côté est une forme de scepticisme *stricto sensu* : l'interprète doit rechercher le sens préférable, mais il est incertain qu'il en existe un. On ne peut donc pas savoir si, dans ces cas, la vérité est atteignable.

Je me tourne maintenant vers la théorie de l'interprétation avancée par Y.-M. Morissette.

2. Le pluralisme interprétatif selon Y. M. Morissette

Au début de cet ouvrage, j'ai rappelé une question qui se situe au cœur des réflexions fondamentales en matière d'interprétation juridique : quels types de considérations constituent de bonnes raisons de croire que les prétentions qu'une interprétation proposée est « correcte en droit » ou qu'une proposition interprétative est « vraie » sont suffisamment justifiées ? Dans une série d'articles remarquables, Y.-M. Morissette a avancé une réponse catégorique à cette question.[24] Voyons brièvement en quoi elle consiste.

1.

Selon Morissette, les seuls types de considérations capables de justifier les prétentions qu'une interprétation est « correcte » en droit ou qu'une proposition interprétative est « vraie » relèvent d'un raisonnement apodictique.[25] Elles ne pourraient être justifiées que dans les rares cas où l'inter-

---

[24] Parmi les nombreuses publications d'Yves-Marie Morissette, je dois mentionner les suivantes : « Deux ou trois choses que je sais d'elle (la rationalité juridique) », (2000) 45 *Revue de droit de McGill* 591 [ci-après, « Deux ou trois choses »] ; « Rétrospective et prospective sur le contentieux administratif », (2008-09) 39 *R.D.U.S.* 1 [ci-après, « Rétrospective »] ; « Peut-on 'interpréter' ce qui est indéterminé ? », dans Devinat et Beaulac, supra note 1 [ci-après, « Peut-on 'interpréter' »] ; « What Is a "Reasonable Decision" ? », (2018) 31 *C.J.A.L.P.* 225 [ci-après, « Reasonable Decision »].

[25] On voit le contraste entre la réponse de Morissette et celle de Côté. Selon ce que dit Côté, les seuls types de considérations capables de justifier les prétentions à la vérité des interprétations proposées résideraient dans un raisonnement de type empirique

prétation est certaine, incorrigible et immuable, c'est-à-dire, là où sa vérité est aussi évidente, nécessaire, universelle, indiscutable et absolue que la proposition « 2 + 2 = 4 » ou que celles qui satisfont aux règles de la logique formelle.[26] Les termes « correct » et « incorrect » ne devraient donc être utilisés que pour qualifier les interprétations « whose obvious truth or falsehood easily come to mind », c'est-à-dire, à peu près jamais, car « defined in this way, such propositions would never give rise to litigation ».[27] Dans tous les autres cas, les prétentions à la vérité ne pourraient jamais être justifiées ni, conséquemment, être admises à titre de connaissance. L'interprétation ne relèverait donc pas des catégories du vrai et du faux ; elle serait « par nature » une question *d'opinion*.

Précisons ce point. La notion d'opinion ne doit pas être entendue ici dans son sens faible ou ordinaire qui désigne les idées, les avis, les convictions, les jugements ou les points de vue que nous avons à propos du monde et qui peuvent être vrais ou faux, telle que les opinions « médicales » ou les opinions « scientifiques ». Elle doit être entendue dans son sens fort et philosophique, ce que Platon nommait la *doxa,* par opposition à la « science » (« connaissance ») ou à « l'opinion vraie ». Selon Morissette, dans le domaine litigieux, « presque toutes les solutions qui en émergent sont foncièrement et irréductiblement doxastiques ».[28] Il s'ensuit que la force normative des interprétations proposées est relative aux sujets qui les acceptent ou les rejettent : elle est relative et subjective.

La *vérité* des propositions qui les expriment est donc contingente, mais elle ne l'est pas en raison des lois à interpréter qui le sont elles-mêmes (elles auraient pu ne pas être adoptées ou être rédigées différemment). Elle

---

prouvant que les interprétations correspondent à l'intention subjective de l'auteur, telle que contenue « dans » le texte. Par ailleurs, comme on l'a vu, la *théorie* de Côté (contrairement à ce qu'il soutient) semble impliquer que les seuls types de considérations capables de justifier les prétentions à la vérité des interprétations des textes de loi résident dans un ensemble de conventions d'interprétation (c'est l'hypothèse du sens clair). Voir : supra, le texte accompagnant les notes 19 à 23.

[26] Un critère apodictique est « [d]éfini comme "nécessaire", au sens de la logique aristotélicienne, c'est-à-dire obligatoire au même titre que 2 + 2 égale obligatoirement 4 » : Morissette, « Rétrospective », supra note 24, 27 note 64. Une vérité apodictique est « a universal and necessary truth, incontrovertible by the standards of formal logic, the one and only answer to the question being debated » : Morissette, « Reasonable Decision », supra note 24, 238 note 45.

[27] Morissette, « Reasonable Decision », *id.*, 240.

[28] Morissette, « Rétrospective », supra note 24, 26.

est contingente en raison de la *décision* de ceux qui ont le pouvoir en dernière instance d'imposer à tous leur propre opinion à propos de ce qui doit être « tenu pour vrai » : « [t]he legal connotation of the term 'correctness', soutient-il, is almost always assertoric (i.e. a contingent truth, in that the thing is simply held to be true, and stated as such, by the body or person legally invested with the authority to proffer the assertion, or the final institutional say in the matter ».[29] La vérité en matière d'interprétation ne serait donc qu'une question de *pouvoir,* le pouvoir qu'une personne ou qu'une institution a d'imposer en dernière instance sa propre opinion sur ce que le droit « devrait être » à tous les membres de la communauté.

2.

On pourrait inférer de ce qui précède que toutes les interprétations se valent ou que les interprètes sont libres de décider n'importe quoi. Mais ce n'est pas la position de Morissette. Selon lui, il existe une voie de passage entre les vérités apodictiques d'un côté et « l'agnosticisme ravageur » du tout est politique de l'autre.[30] Cette troisième voie est celle du « raisonnable » : une opinion peut être plus ou moins raisonnable.

Cependant, à l'examen, cette voie n'est pas très contraignante. Selon lui, il n'existe « aucun critère apodictique de ce qui est raisonnable ».[31] Il serait donc vain, dit-il, « de chercher à 'définir', 'déterminer', 'clarifier', 'élucider' ou 'préciser' 'plus clairement' ou 'plus nettement' ou 'lus en profondeur' 'l'analyse' ou 'l'examen' ou 'l'exposé' de ce qui est raisonnable, déraisonnable ou manifestement déraisonnable. Ces notions sont ontologiquement irréductibles à une formule logique ».[32] Le problème est « insoluble » :[33] « [e]ven if we went over and over the judgments of the Supreme Court of Canada, from all imaginable angles, the distinction between what

---

[29] Morissette, « Reasonable Decision, supra note 24, 238 (voir : 246, la référence à l'affaire *Wilson*). En général, une vérité « contingente » signifie qu'elle dépend des faits matériels et des circonstances. Par exemple, s'il pleut dehors, mon affirmation « il pleut dehors » est vraie ; s'il ne pleut pas, l'affirmation est fausse. C'est contingent en raison du phénomène météorologique. En droit, la vérité contingente de nos propositions interprétatives signifie généralement qu'elle dépend des lois à interpréter qui sont elles-mêmes contingentes ; et non pas en raison de l'opinion des décideurs.

[30] Morissette, « Rétrospective », supra note 24, 24.

[31] *Id.,* 27.

[32] *Id.,* 27-28.

[33] *Id.,* 39.

is reasonable and what is not would never acquire the status of an arrestingly obvious bright-line rule, capable at all time of producing unanimity at all levels ».[34] Pour ce motif, le jugement qu'une interprétation est raisonnable, plus raisonnable ou moins raisonnable serait « par essence assertorique, c'est-à-dire ... une affaire d'opinion, aussi autorisée, éclairée et défendable puisse-t-elle être ».[35] Il en découle que la vérité du caractère plus ou moins raisonnable d'une interprétation proposée serait aussi contingente que celle de l'interprétation qu'elle qualifie : elle dépendrait de l'opinion subjective de ceux qui ont le pouvoir en dernier ressort d'imposer la leur à tous les autres.

C'est pourquoi le seul critère *objectif* opérationnel serait celui du « déraisonnable » ainsi compris : une interprétation est déraisonnable si, et seulement si, elle est « susceptible de se voir qualifier de telle à l'unanimité ou presque des observateurs autorisés ».[36] Une interprétation déraisonnable doit être « clairement excentrique », semblable à l'opinion que « Modigliani était un fieffé coquin et que son œuvre entière est bonne à jeter à la poubelle ».[37] Autrement, toutes les propositions interprétatives sont raisonnables et il n'y a rien de plus à en dire du point de vue du droit. Il s'ensuit que les interprétations déraisonnables seraient très rares en droit : dans un litige, il y a généralement au moins un observateur autorisé – un avocat, un administrateur, un juge – qui estime raisonnable l'interprétation qu'il propose ou qu'il retient et les juristes s'abstiennent généralement de proposer des interprétations aussi excentriques que celle à propos de Modigliani : « in litigation, lawyers usually refrain from arguing what is not arguable for a sensible and well informed person ».[38] Mais ces limites, faut-il le préciser, sont *de facto* et non pas *de jure*.

Cette thèse, Morissette le reconnaît, est incompatible avec le discours juridique : dans la pratique, des interprétations sont dites « correctes » ou « incorrectes » même si elles sont « practically devoid of any apodictic content ».[39] Elle est aussi paradoxale : car là où se posent d'authentiques problèmes d'interprétation, les interprétations proposées ne se prêtent pas à une évaluation de type apodictique, « for like "correctness" in plain language,

---

[34] Morissette, « Reasonable Decision », supra note 24, 247.
[35] Morissette, « Rétrospective », supra note 24, 27-28.
[36] *Id.*, 41.
[37] *Id.*
[38] Morissette, « Reasonable Decision », supra note 24, 238.
[39] *Id.*

the concept of apodicticity conveys an idea of certainty »;[40] et là où les « interprétations » proposées se prêtent à une évaluation de type apodictique, ce ne sont pas de véritables problèmes d'interprétation – ce sont des « lectures » ou des « applications » correctes ou incorrectes d'une loi dont l'évidence a échappé à quelque esprit.[41] Il en résulte, en toute rigueur, que les termes « correct » et « incorrect » pour qualifier les *interprétations* ne devraient jamais être utilisés : ni dans les cas où il s'agit d'authentiques problèmes d'interprétation ni dans les cas qui se prêtent à une évaluation de type apodictique (car ce n'en sont pas).

3.

La théorie de Morissette est descriptive : elle est censée représenter correctement le phénomène de l'interprétation juridique « tel qu'il est en fait ». Cependant, comme il le soutient, elle est « révolutionnaire », car elle propose « une conception et une représentation radicalement différentes de ce qu'est l'interprétation juridique, et donc du rôle de l'interprète en droit ».[42] Cette conception et cette représentation constituent une version du pluralisme interprétatif. Cependant, selon cette version, le pluralisme interprétatif ne fait pas que décrire le fait empirique incontestable que les juristes et les citoyens sont souvent en désaccord sur la meilleure interprétation à donner à un texte de loi, soit le fait du pluralisme interprétatif.[43] Elle prétend décrire la « nature profonde » ou « interne » (*the inner nature*) de l'interprétation juridique dès lors qu'il y a un litige : le fait du pluralisme interprétatif serait irréductible en raison de la nature même du langage utilisé dans les textes de loi.[44] Elle décrit ce que nous pourrions nommer *la vérité du pluralisme interprétatif*. Dans cet ouvrage, j'appellerai cette théorie : la « théorie du pluralisme interprétatif ».

---

[40] *Id.*, 240.

[41] *Id.*, 238-240. Voir, en particulier, « Peut-on 'interpréter' », supra note 24, 28-31 ; ainsi que « l'annexe » dans Morissette, « Rétrospective », supra note 24, 62-69.

[42] Morissette, « Rétrospective », *id.*, 12.

[43] Comme on l'a vu, le *fait* du pluralisme interprétatif est compatible avec le fait que les juristes qui ne s'accordent pas sur la bonne interprétation peuvent postuler et admettre qu'il existe néanmoins une interprétation correcte ou quelque vérité en la matière.

[44] Voir : Morissette, « Peut-on 'interpréter' », supra note 24, 21-37, en particulier, ses références aux travaux de Timothy A.O. Endicott.

Cette théorie ne constitue toutefois pas une version du scepticisme juridique *stricto sensu*. Elle n'affirme pas que nous ne pouvons pas savoir s'il existe quelque vérité en matière d'interprétation ni que nous ne pouvons pas être certains de l'atteindre. Elle *nie* carrément que nous le puissions. Les juristes ne doivent pas douter ; ils doivent nier l'existence d'interprétations correctes ou vraies des textes de loi litigieux (sauf – peut-être – en de très rares cas). Elle affirme que l'on *sait* (ou que l'on devrait savoir) qu'il n'y a aucune vérité à atteindre (sauf peut-être très rarement). En cela, elle constitue une version du nihilisme juridique appliquée à la pratique de l'interprétation des textes de loi litigieux.[45] Il n'existerait aucun standard, principe ou critère juridique objectif en vertu desquels les interprétations proposées des textes de loi litigieux pourraient être correctes ou vraies. « [S]i une question quelconque se rend jusqu'à la Cour suprême du Canada, écrit-il, c'est *précisément* parce qu'elle n'a pas de réponse en amont de la décision qui sera rendue, du jugement de valeur porté par l'institution décisionnaire ».[46]

Il serait donc illusoire de prétendre connaître la bonne interprétation (au-delà des raisonnements apodictiques). Ceux qui croient le contraire seraient victimes d'une erreur philosophique. Ils croiraient en l'existence d'une chose qui n'existe pas. Pour ce motif, les propositions qui prétendent énoncer les interprétations correctes en droit sont toutes *fausses*, car on sait (ou devrait savoir) qu'il n'y a rien à décrire. Compte tenu du langage général et abstrait utilisé dans les textes de loi, notamment en droit administratif et en droit constitutionnel, l'espace où règnent l'opinion et le pouvoir serait donc très étendu.

---

[45] Le nihilisme juridique de Morissette est *partiel* en ce que sa version ne concerne (apparemment) que les textes de loi litigieux. Elle ne vise pas l'existence objective du « droit positif » en tant qu'ordre ou système juridique dans la société et elle ne s'applique clairement pas à la logique, aux mathématiques ou à la géométrie, comme on l'a vu. Évidemment, cela ne signifie pas que Morissette soit nihiliste sur un plan philosophique ni que sa théorie le soit totalement. En effet, selon lui, il existe au moins une vérité accessible en matière d'interprétation des textes de loi litigieux : cette vérité est que « l'interprétation est une question d'opinion et de pouvoir ».

[46] Morissette, « Deux ou trois chose », supra note 24, 597, par. 12 : « Une fois le dilemme résolu (par l'affirmation, par exemple, que le droit à la vie comprend le droit de se donner la mort), la proposition retenue, et elle seule, est ce qui m'intéresse, pas les innombrables gloses, analogies, 'déductions', variantes et triturations qu'on peut être tenté d'en tirer. »

4.

L'objectif ultime de Morissette est de montrer que la théorie du pluralisme interprétatif a le potentiel de résoudre les principales difficultés analytiques auxquelles faisait face le droit administratif canadien, notamment les confusions conceptuelles et épistémologiques découlant des différentes normes de contrôle judiciaire applicables (la norme de la décision correcte versus la norme de la décision raisonnable) et de la nature d'une décision « raisonnable ».[47] À cet égard, il a soutenu que la théorie du pluralisme interprétatif a été introduite en droit administratif en 1979 par le juge Dickson dans l'affaire *Syndicat canadien de la Fonction publique, section locale 963* c. *Société des alcools du Nouveau-Brunswick* (*SCFP*),[48] bien qu'il ne soit pas certain qu'il en mesurait pleinement toute la portée.[49]

Je ne discuterai pas de cet aspect de ses travaux dans cet ouvrage. J'ai critiqué le fondement des normes de contrôle judiciaire en droit administratif en détail ailleurs.[50] Pour le moment, il suffit de préciser qu'il n'y a pas de lien nécessaire ou conceptuel entre la théorie du pluralisme interprétatif avancée par Morissette et la détermination de la norme de contrôle judiciaire appropriée en droit administratif. Les distinctions conceptuelles entre le vrai et le faux, d'une part, et le raisonnable et le déraisonnable, d'autre part, sont neutres à cet égard. On peut très bien admettre que l'interprétation des lois relève toujours du raisonnable et estimer néanmoins qu'elle doive toujours en dernier ressort être établie par les tribunaux de droit commun. Inversement, on peut admettre qu'il existe toujours en principe une seule interprétation correcte des textes de loi et estimer néanmoins que les cours de révision doivent faire preuve de déférence à l'égard des interprétations raisonnables retenues par les organismes administratifs, dans tels ou tels contextes. Ce sont deux questions distinctes. C'est aussi, me semble-t-il, la position de la Cour suprême dans l'affaire *Vavilov* :

> Les questions d'interprétation de la loi ne reçoivent pas un traitement exceptionnel. Comme toute autre question de droit, on peut les évaluer en appliquant la norme de la décision raisonnable. ... Si une question d'interprétation législative fait l'objet d'un contrôle selon la norme de la décision raison-

---

[47] Morissette, « Rétrospective », supra note 24, 14.
[48] [1979] 2 R.C.S. 227.
[49] Morissette, « Rétrospective », supra note 24, 13.
[50] Voir, par exemple : Tremblay, « La norme de retenue judiciaire », supra note 1.

nable, la cour de révision ne procède pas à une analyse *de novo* de la question soulevée ni ne se demande « ce qu'aurait été la décision correcte ».[51]

La détermination de la norme de contrôle appropriée dans un contexte donné est une question *normative* d'ordre institutionnel. On se demande, par exemple : « qui est le plus susceptible d'interpréter correctement, le plus justement ou le plus raisonnablement possible tel type de lois litigieuses : les juges, les administrateurs, le Parlement, les parties au litige, le peuple ? » ; « est-il plus juste, plus efficace, plus expéditif, plus économique que telles institutions ou personnes, plutôt que telles autres, aient le dernier mot dans tel type de litige ? » ; « est-il désirable dans tel contexte qu'il n'y ait qu'une seule interprétation valide d'une même disposition législative qui fasse autorité *erga omnes* ? ». Évidemment, le fait qu'il puisse exister une seule interprétation correcte d'un texte peut constituer une raison en faveur du contrôle judiciaire selon la norme de la décision correcte et, inversement, le fait qu'il n'en existe pas peut constituer une raison en faveur de la déférence judiciaire. Mais cette raison doit être appuyée de considérations normatives.

Morissette semble d'accord. Les distinctions qu'il avance entre le vrai/le faux et le raisonnable/déraisonnable n'ont pas tant pour objet de justifier les différentes normes de contrôle judiciaire applicables en droit administratif que de les rendre *opérationnelles*, étant entendu ou présupposé qu'elles sont justifiées d'un point de vue normatif. Voici ce qu'il écrit :

> Si cependant l'on est soucieux de préserver autant que faire se peut l'intelligibilité, la cohérence conceptuelle et, par voie de conséquence, la prévisibilité d'application du droit en matière de contentieux administratif, il est préférable que les limites de la catégorie du vrai ou du faux coïncident aussi exactement que possible avec ce qui est véritablement justiciable d'un raisonnement apodictique. Quant au reste, la norme de la décision déraisonnable devrait toujours prévaloir. *Les finalités de la justice administrative (accessibilité, modicité, célérité, spécialisation et autonomie des décideurs) en dépendent.*[52]

Mes critiques ne réfuteront donc pas nécessairement la présomption voulant que la norme de contrôle judiciaire des décisions administratives soit la norme de la décision raisonnable ni qu'il puisse exister quelque

---

[51] *Canada (Ministre de la Citoyenneté et de l'Immigration)* c. *Vavilov*, 2019 CSC 65, par. 115-116 [mes italiques].

[52] Morissette, « Rétrospective », supra note 24, 43 [Mes italiques].

critère permettant de distinguer les décisions raisonnables des décisions correctes.[53]

5.

L'un de mes objectifs dans cet ouvrage, je l'ai déjà dit, est d'examiner le bien-fondé de la théorie du pluralisme interprétatif que défend Morissette – je laisse volontairement de côté les autres versions possibles de cette doctrine, dont celles que j'estime persuasives. Pour ce motif, sauf lorsque le contexte le justifiera (par exemple, dans la conclusion), j'entendrai par l'expression « pluralisme interprétatif » la théorie qui postule la *vérité du pluralisme interprétatif*.

Cette théorie a une prétention universelle : elle est censée décrire objectivement « the inner nature of legal interpretation, at least where litigation occurs »[54] et « ce qui se passe lorsque nous sommes appelés à résoudre un problème d'interprétation ».[55] Elle est donc censée valoir quelle que soit la nature de la loi litigieuse (constitution, loi, règlement) et quels que soient les interprètes (administrateurs, avocats, juges, parties, citoyens). C'est aussi en tant que telle que je l'examinerai.

Mais d'abord, je dois soulever brièvement trois conséquences indésirables qui pourraient s'ensuivre si la pratique et le discours juridiques admettaient la vérité de la théorie du pluralisme interprétatif. Il me semble que quiconque s'intéresse à la primauté du droit devrait évaluer sérieusement ce que nous avons à y gagner ou à y perdre avant de l'accepter.

---

[53] J'ai soutenu ailleurs qu'il existait de tels critères. Voir Luc B. Tremblay, « La justification des restrictions aux droits constitutionnels : la théorie du fondement rationnel », (1999) 44 *R. D. McGill* 39.

[54] Morissette, « Reasonable Decision », supra note 24, 243.

[55] Morissette, « Rétrospective », supra note 24, 23.

Chapitre II
La primauté de l'opinion

On aurait tort de croire que les théories descriptives des phénomènes sociaux sont neutres et inoffensives pour le motif que leur objet est *descriptif*. Ces théories ne sont jamais que de simples représentations de la réalité; elles font partie de la réalité qu'elles cherchent à représenter en ce qu'elles fournissent aux membres de la société les significations et les compréhensions partagées des phénomènes observés. Plus elles sont influentes, plus elles déterminent la substance de la réalité perçue. Lorsqu'une théorie devient dominante, la réalité est généralement conçue dans les termes qu'elle propose. En ce sens, les théories descriptives du droit et, corrélativement, de l'interprétation des textes de loi constituent de puissants moyens de construire la réalité juridique par la représentation qu'elles en font.

Pour ce motif, si nous acceptons de décrire la nature de l'interprétation juridique dans les termes d'une théorie sceptique ou nihiliste du droit, alors nous acceptons que cette théorie puisse déterminer la représentation qu'on s'en fait. Nous rendons donc possible que notre représentation du droit et de ses limites normatives se conforme à ce que cette théorie énonce. Le cas échéant, l'interprétation en droit (si le mot «interprétation» est encore adéquat) deviendrait effectivement une question *d'opinion* entendue dans son sens fort ou philosophique et la vérité d'une interprétation donnée se réduirait à une question de *pouvoir*. Le fondement et la justification des interprétations proposées ne résideraient pas dans quelque standard, principe ou critère juridique objectif énonçant les conditions nécessaires et suffisantes permettant de déterminer si une interprétation proposée est correcte ou incorrecte ou si les propositions qui les expriment sont vraies ou fausses. Ils résideraient dans les jugements de valeur, les convictions, les préférences, les sensibilités, les émotions, les impressions, les dispositions, les intuitions, les tempéraments, les intérêts, les préjugés, bref, dans la subjectivité personnelle des interprètes.

L'enjeu est clair : accepter de représenter la nature de l'interprétation juridique dans les termes du pluralisme interprétatif rend possible qu'elle le devienne en *fait* et, conséquemment, que les juges, les avocats, les universitaires, voire la communauté politique dans son ensemble en acceptent les règles et ajustent leur pratique (raisonnements, arguments, attitudes) en conséquence – *à leur bon plaisir et sans réserve*. L'interprétation deviendrait *ipso facto* une question d'opinion et de pouvoir, et non pas le résultat d'une recherche consciencieuse fondée sur un savoir juridique objectif. Quiconque s'intéresse à la primauté du droit devrait, me semble-t-il, évaluer sérieusement ce que nous avons à y gagner ou à y perdre avant de souscrire à cette théorie.

On pourrait objecter qu'une théorie descriptive de l'interprétation juridique ne dépend pas de ce que l'on désire, mais de la nature véritable du «droit», tel qu'il est dans la «réalité objective» – entendu comme une chose qui existe indépendamment de l'esprit humain et dont les propriétés constitutives ne dépendent pas de ce que nous pensons qu'elles sont. De ce point de vue, accepter cette théorie ne rend pas possible que la nature de l'interprétation juridique devienne en fait ce qu'elle énonce ; elle le serait déjà en *fait*. Je discuterai plus loin de cette question. Pour le moment, il suffit de rappeler qu'une théorie descriptive d'un phénomène n'est jamais une simple «copie» de ce qu'elle est censée décrire. Cette assertion est probablement un truisme, tant il semble admis en philosophie des sciences que les «faits» que nous décrivons sont assujettis aux théories qui servent à les décrire.[56]

Le phénomène juridique comprend des tas d'éléments indéfinis (règles, normes écrites et non écrites, intérêts, raisonnements, attentes, idéaux, institutions (politiques et carcérales), procédures, opinions, pratiques, habitudes, traditions, intentions, consentements, rapports de force et de domination, violence, statuts, frustrations, peines, privations, symboles, réciprocités, etc.) et

---

[56] Voir : Thomas S. Kuhn, *La structure des révolutions scientifiques*, Paris, Flammarion, 1983, chap. 9 ; Charles Taylor, *Philosophical Papers*, vol. 2 «Philosophy and the Human Sciences», New York, Cambridge University press, 1985, chap. 2-4. Voir aussi : Willard Van Orman Quine, *Le mot et la chose*, Paris, Flammarion, 1977, au chap. I ; Nelson Goodman, *Ways of Worldmaking*, Indianapolis, Hackett Pub. Co., 1978 ; Hilary Putnam, *Reason, Truth and History*, New York, Cambridge University Press, 1981. J'ai abordé cette question plus en détail ailleurs. Voir, par exemple : Tremblay, «La norme de retenue judiciaire», supra note 1 ; Tremblay, «Le normatif et le descriptif en théorie du droit», (2002-03) 33 *R.D.U.S.* 69. Voir, infra chapitre IV.

tous ces éléments peuvent être ordonnés de manière indéfinie. Une théorie descriptive du droit doit nécessairement choisir parmi tous ces éléments ceux qu'elle juge «vraiment» constitutifs de l'objet qu'elle cherche à décrire. Cela présuppose quelque critère de «juridicité» logiquement antérieur permettant de les déterminer et de les mettre en relation. Mais ces critères ne sont pas eux-mêmes «déjà là», en tant que faits empiriques observables ou purement logiques, car ce sont eux qui permettent de déterminer les éléments empiriques pertinents qui «doivent» compter et ceux qui «ne doivent pas» compter. La détermination des critères de juridicité pertinents et, par conséquent, toute théorie descriptive du «droit» dépendent de considérations normatives logiquement antérieures à la représentation qu'elle propose. Il est donc possible, en principe du moins, d'examiner la force normative des théories descriptives et de choisir celle qui nous semble rationnellement acceptable d'un certain point de vue normatif – qu'il reste à préciser.

1. La primauté du droit ou de l'opinion?

Les grandes théories de l'interprétation juridique sont «objectivistes». Elles postulent l'existence de standards juridiques objectifs porteurs de sens qu'une méthodologie adéquate permet de découvrir, de déterminer, de reconstituer ou de matérialiser correctement. Certes, elles ne s'accordent pas toutes sur les sources ou les éléments qui permettent de déterminer légitimement le sens (texte, intention, but, tradition, valeurs sociales ou morales, raison, etc.) ni sur la méthode appropriée (littérale, textualiste, originaliste, téléologique, historique, morale, autres) ni sur les raisons devant guider la réponse à ces questions. Il en est ainsi en raison des points de vue normatifs distincts antérieurs aux représentations du droit proposées, incluant les vertus politiques spécifiques qu'elles cherchent à honorer, telles que la séparation des pouvoirs, la prévisibilité, la démocratie, la justice, la stabilité, ou autres. Cependant, elles s'accordent toutes sur une valeur fondamentale: la primauté du droit (*Rule of Law*). La nature de l'interprétation juridique n'est pas conçue comme une question d'opinion, mais comme une question de droit. Elles postulent toutes que nous ne devrions pas admettre en droit une proposition interprétative à moins d'avoir de bonnes raisons de supposer qu'elle est vraie.

La théorie de l'interprétation proposée par Morissette est «nihiliste». Elle promeut ce que je nommerai la «primauté de l'opinion» ou, plus précisément, la «primauté de l'opinion du plus fort» – le plus fort étant ceux et celles qui ont le pouvoir d'imposer en dernière instance leur propre opinion sur un sujet à toute la collectivité. On pourrait objecter que la thèse de Morissette affirme plutôt la « primauté du raisonnable ». Cependant, comme on l'a vu, l'espace alloué au raisonnable se confond avec celui où règne l'opinion, dans les limites du « déraisonnable ».

La primauté de l'opinion ne doit pas être confondue avec ce que les juristes nomment « l'activisme judiciaire ». L'activisme judiciaire est une doctrine objectiviste : elle désigne le fait que des juges ignorent (ou devraient ignorer) les standards, les principes ou les critères juridiques objectifs applicables à un cas donné au profit d'intérêts ou d'objectifs politiques, idéologiques ou personnels. Les désaccords entre les juges accusés d'activisme et leurs accusateurs ne résident donc pas tant dans leur engagement réciproque envers la primauté du droit que dans la conception du droit qui, selon les uns et les autres, doit avoir la primauté. Les accusateurs ne partagent généralement pas la conception du droit qui justifie les décisions des juges accusés d'être « activistes ». Corrélativement, les juges repoussent généralement l'accusation d'être activistes en soutenant que les raisons justifiant leurs décisions sont *juridiques* – révélant ainsi que leur conception du droit n'est pas la même que celle de leurs accusateurs.[57]

---

[57] Pour un exemple canadien, voir : Elizabeth Rayner, « Litigator, Arbitrator and Former Supreme Court Judge Ian Binnie Reflects on the Law Then and Now », *Canadian Lawyer,* 9 juillet 2021. Plus récemment, aux États-Unis, dans l'affaire *Biden* v. *Nebraska* (décidée le 30 juin 2023), au nom des trois juges dissidents, la juge Kagan a critiqué l'activisme des juges majoritaires en ces termes :

> In every respect, the Court today exceeds its proper, limited role in our Nation's governance. ... [The] Court, by deciding this case, exercises authority it does not have. It violates the Constitution. ... [This Court] is, by design, as detached as possible from the body politic. That is why the Court is supposed to stick to its business – to decide only cases and controversies, and to stay away from making this Nation's policy about subjects like student-loan relief. The policy judgments, under our separation of powers, are supposed to come from Congress and the President. But they don't when the Court refuses to respect the full scope of the delegations that Congress makes to the Executive Branch. When that happens, the Court becomes the arbiter – indeed, the maker – of national policy. ... That is no proper role for a court. And it is a danger to a democratic order. » (Opinion du juge Kagan, par. 1, 4, 24-25)

À cela, au nom de la majorité, le juge en chef Roberts a répondu :

> It has become a disturbing feature of some recent opinions to criticize the decisions with which they disagree as going beyond the proper role of the judiciary. Today, we have concluded [telle chose]. ... We have employed the traditional tools of judicial decisionmaking in doing so. Reasonable minds may disagree with our analysis – in fact, at least three do. ... We do not mistake this plainly heartfelt

La primauté de l'opinion est d'un tout autre ordre, car elle nie l'existence de tels standards, principes ou critères. D'où la question : qu'avons-nous à gagner ou à perdre à accepter la théorie du pluralisme interprétatif ? Peut-on garantir que survivraient les idéaux et les valeurs juridiques, politiques et morales qui donnent au droit son intelligibilité et sa force normative en tant qu'institution sociale ?

2. Trois conséquences indésirables

Dans cette section, je fais brièvement état de trois conséquences indésirables probables.

1.

La première conséquence découlant du pluralisme interprétatif concerne la nature même du processus d'interprétation juridique. Ce dernier n'aurait pas pour objet de déterminer correctement le sens juridique des textes de loi litigieux, car il n'y en aurait pas ; ni de vérifier les prétentions à l'existence d'un droit « juridique » ou d'une obligation « juridique », car il n'y en aurait pas. Le processus n'aurait pas non plus pour objet la recherche de l'interprétation juridique la « plus » raisonnable, car il n'y aurait aucun critère objectif permettant de l'établir. Le processus d'interprétation ne serait plus qu'un exercice de rhétorique et une compétition pour le pouvoir. Son objet serait de persuader ceux et celles qui le détiennent en dernière instance d'adhérer à une opinion particulière sur ce que le droit « devrait être »

---

disagreement for disparagement. It is important that the public not be misled either. Any such misperception would be harmful to this institution and our country. (Opinion de la Cour, par. 25-26)

La réplique du juge Kagan fut cinglante :

« From the first page to the last, today's opinion departs from the demands of judicial restraint. At the behest of a party that has suffered no injury, the majority decides a contested public policy issue properly belonging to the politically accountable branches and the people they represent. In saying so, and saying so strongly, I do not at all "disparage[...]" those who disagree. ... The majority is right to make that point, as well as to say that "[r]easonable minds" are found on both sides of this case. ... And there is surely nothing personal in the dispute here. But Justices throughout history have raised the alarm when the Court has overreached–when it has "exceed[ed] its proper, limited role in our Nation's governance." ... It would have been "disturbing," and indeed damaging, if they had not. ... The same is true in our own day. » (Opinion du juge Kagan, par. 29)

et de créer *ex post facto* les droits et les obligations des uns et des autres en conséquence. L'argumentation chercherait à faire naître des croyances à propos d'une opinion quelconque, mais elle ne pourrait pas la justifier sur la base de quelque vérité juridique objective, car il n'y en aurait pas. C'est pourquoi Morissette soutient, par exemple, que les juges dans l'affaire *Rodriguez* faisaient face « au dilemme de l'âne de Buridan » : aucun raisonnement *de l'intérieur* du droit positif ne permettait de choisir de manière rationnellement irrésistible entre une proposition *P* (le droit à la vie comprend le droit de se donner la mort) et une proposition *non P* (le droit à la vie ne comprend pas le droit de se donner la mort) ».[58]

2.

Deuxièmement, pour les mêmes motifs, il serait impossible de résoudre les différends à propos du contenu litigieux d'un texte de loi autrement que par l'exercice d'un pouvoir appuyé par la force. Supposons que deux juristes disputent l'interprétation à donner à un concept juridique, disons « le droit à la vie » : l'un soutient *P* (ce droit inclut le droit de se donner la mort) et l'autre soutient *non-P* (ce droit n'inclut pas le droit de se donner la mort). Compte tenu de la loi de non-contradiction (nul énoncé ne peut être à la fois vrai et faux en même temps à l'égard d'une même chose), on pourrait croire que ces deux propositions ne peuvent pas être vraies en même temps. Mais on aurait tort.

Selon la théorie du pluralisme interprétatif, il n'y aurait aucune véritable contradiction entre les deux interprétations, car il n'y aurait rien d'objectif en droit en vertu de quoi une interprétation serait meilleure qu'une autre. *P* et *non-P* ne feraient que *décrire* ou *rapporter* les opinions divergentes des uns et des autres sur ce que le droit à la vie devrait signifier. Pour ce motif, *P* (le droit de se donner la mort) serait valable en raison de l'opinion de l'un ; et *non-P* (l'absence de droit de se donner la mort) serait valable en raison de l'opinion de l'autre. La justification de chaque interprétation se terminerait là où l'opinion de chacun s'arrête. Du point de vue du droit, les interprétations concurrentes seraient également valables en même temps (à moins d'être jugées déraisonnables à l'unanimité ou presque) et la résolution des différends ne consisterait pas à mesurer et à comparer *P* et *non-P* à l'aune de standards juridiques objectifs, mais à demander à ceux et celles qui ont le pouvoir de trancher les litiges en dernière instance de se former leur propre opinion et de l'imposer à tous.

---

[58] Morissette, « Deux ou trois choses », supra note 24, 597.

Le problème, évidemment, est que ce n'est pas ainsi que les juristes en général conçoivent leurs propres désaccords. Pour eux, *P* et *non-P* sont réellement contradictoires et leurs désaccords sont conçus comme authentiques : *P* et *non-P* ne peuvent pas être vrais (ou valables) en même temps. Ou bien le droit à la vie inclut le droit de se donner la mort, au moins dans un contexte donné, ou bien elle ne l'inclut pas. C'est pourquoi ils avancent des considérations juridiques et des preuves au soutien des interprétations qu'ils proposent, étant entendu que si leur poids est suffisant et acceptable, elles doivent résoudre les désaccords. L'exercice du pouvoir constitue simplement le moyen de les sanctionner – lorsque c'est nécessaire – avec le risque d'erreurs que cela comporte.

On pourrait objecter que la théorie du pluralisme interprétatif a précisément pour objet de montrer que les juristes se trompent en supposant que *P* et *non-P* sont réellement contradictoires, car la prémisse selon laquelle il existerait quelque vérité en matière d'interprétation est fausse. Mais il demeure que si, dans les faits, les juristes consciencieux qui proposent une interprétation d'un texte de loi litigieux ne cherchent pas tant à rapporter leur « propre opinion » sur ce que le droit devrait être, mais à justifier *P* ou *non-P* sur la base de considérations juridiques et de preuves solides, alors, pour eux, l'interprétation qu'ils proposent est objective et, conséquemment, *P* et *non-P*, du point de vue du droit, sont réellement contradictoires.

3.

La troisième conséquence est, à mon avis, la plus importante et c'est elle, finalement, qui a motivé la rédaction de cet ouvrage : la primauté de l'opinion comporte toujours un germe de tyrannie et de désordre. Une tyrannie, au sens où je l'entends, est un régime politique dans lequel ceux qui gouvernent imposent par la force leurs propres valeurs et visions du monde à toute la communauté, agissent en vue de leurs propres intérêts ou de ceux de certains groupes sociaux au détriment du « bien commun » ou produisent des injustices en raison de l'incohérence de leurs décisions. Pour sa part, le désordre désigne les conflits sociaux qui résultent du fait que les décisions sont perçues comme tyranniques par ceux qu'elles oppriment et excluent. Il est significatif, du reste, que ce fût précisément pour faire obstacle à cet état de choses que Platon ait inventé la philosophie du droit et qu'Aristote ait plaidé en faveur de la primauté du droit.

Selon Platon, je le rappelle, le problème fondamental que posait la démocratie était précisément la primauté de l'opinion : la cité était assujettie au pouvoir de la « rhétorique » que possédaient les sophistes, les démagogues et les orateurs, tant dans l'assemblée du peuple que dans les tribunaux populaires. Platon accusait ces derniers non seulement d'avoir injustement condamné à mort Socrate (« l'homme le plus juste de son siècle »), mais d'être responsables des misères du monde, telles que les désastres militaires et politiques d'Athènes (la défaite en Sicile, par exemple). Selon lui, seule la « vraie » philosophie était capable de poser les limites du juste et de l'injuste et ceci exigeait le dialogue et la raison.[59]

Pour sa part, Aristote soutenait que l'autorité souveraine devait résider dans les lois, à la condition qu'elles soient justes et bonnes, c'est-à-dire, établies conformément à une constitution elle-même juste selon la nature des choses. D'où la primauté du droit :

> [V]ouloir le règne de la loi, c'est, semble-t-il, vouloir le règne exclusif de Dieu et de la raison ; vouloir, au contraire, le règne de l'homme, c'est vouloir en même temps celui d'une bête sauvage, car l'appétit irrationnel a bien ce caractère bestial, et la passion fausse l'esprit des dirigeants, fussent-ils les plus vertueux des hommes.[60]

3.1.

On pourrait croire que j'exagère pour deux motifs. Premièrement, on pourrait soutenir qu'une opinion peut être à la fois subjective *et* raisonnable. J'en conviens. Mais subjective et raisonnable par rapport à qui et à quoi ? Si le droit lui-même ne fournit aucun standard, principe ou critère objectif permettant de déterminer la bonne interprétation, alors le critère du raisonnable ne peut rien établir de plus probant que l'interprétation que préfèrent les uns et les autres pour des raisons qui leur sont propres et dont le poids, logiquement, est insuffisant pour ceux et celles qui préfèrent d'autres interprétations. En l'absence de points de référence objectifs permettant de mesurer et de comparer la force normative des raisons, l'évaluation ne peut être qu'une affaire d'opinion. D'où le problème : si l'interprétation raisonnable d'une partie à un litige vaut celle d'une autre, alors chaque partie a légitimement le droit de gagner, chacune pouvant légitimement prétendre que son interprétation est la « plus » raisonnable. Mais puisque l'interpré-

---

[59] Voir, par exemple : les dialogues de Platon, *Gorgias* ; *Protagoras* ; *La république* ; et *Euthydème*. Voir aussi son autobiographie dans la *Lettre VII*.

[60] Aristote, *Le politique*, trad. par Jules Tricot, Paris, Gallimard, 1993, à la p. 248 ; voir aussi les p. 213, 221, 247-248.

tation finalement retenue favorise les intérêts de l'une sur la base d'une opinion admise comme subjective et relative à ceux qui ont le pouvoir de l'imposer aux autres par la force, la partie perdante peut légitimement soutenir que la décision judiciaire ou administrative n'est pas impartiale et la recevoir comme un acte de tyrannie. À terme, cela ne peut qu'entraîner la méfiance, le désengagement, l'exclusion et même le désordre.

Cette conséquence est d'autant plus probable compte tenu de deux traits constitutifs de la culture démocratique contemporaine. Le premier trait est «l'égalité morale des personnes», c'est-à-dire, l'idée que chaque être humain a la même valeur, la même importance ou le même statut moral en tant que personne et, en conséquence, que l'État doit traiter chacun avec le même respect et la même attention. Ses décisions doivent donc être impartiales : elles ne doivent pas favoriser ou privilégier certaines personnes pour le seul motif qu'elles ont plus de valeur que les autres ni conférer plus de poids à leur vision du monde et du bien ou à leurs intérêts sans pouvoir avancer une bonne raison. Le second trait est le fait du pluralisme et la diversité culturelle. Les sociétés démocratiques contemporaines se caractérisent par une grande diversité de conceptions du bien, de visions du monde, de modes de vie et de cultures (langages et schèmes conceptuels). Cela ne signifie pas que les individus vivent en silo, mais que les cadres normatifs des uns et des autres peuvent justifier des opinions irréconciliables, jugées raisonnables pour les uns et fondamentalement illégitimes ou injustes pour les autres. Il suffit de penser aux opinions des libéraux laïques et des religieux conservateurs ou fondamentalistes sur le droit à la vie, l'avortement, l'homosexualité, l'égalité entre les hommes et les femmes, la famille ou la laïcité de l'État et de l'éducation. J'y reviens au chapitre VI.

3.2.

Deuxièmement, on pourrait soutenir que j'exagère pour le motif que l'avènement de la tyrannie et du désordre présupposerait une révolution dans nos institutions et notre culture politiques. Il est vrai, au moment où j'écris ces lignes, que la très grande majorité des juges au Canada maintiennent leur engagement envers la primauté du droit et, pour ce motif, postulent l'existence de standards, de principes ou de critères juridiques objectifs énonçant les conditions nécessaires et suffisantes d'une bonne interprétation. Mais cela pourrait basculer, et assez rapidement, compte tenu de deux autres phénomènes de la culture politique contemporaine que nous commençons à mesurer au Canada : la polarisation et la politique postvérité.

La polarisation désigne le fait qu'un peuple se divise sur des positions politiques apparemment irréconciliables de plus en plus éloignées du centre, tant à gauche qu'à droite, à appuyer des partis politiques populistes ou pointant vers les extrêmes, à se méfier les uns des autres et à haïr ceux qui pensent différemment. Pour sa part, la politique post-vérité désigne une indifférence à l'égard du vrai et du faux. Ce n'est pas tant le fait de mentir à des fins politiques, car le menteur connaît la vérité et cherche à fausser nos représentations. C'est le fait de se ficher de la vérité, de la réalité et de nos représentations. La politique post-vérité nient l'existence de faits avérés ou tient pour avérés des faits non prouvés, inventés ou « alternatifs » malgré les preuves contraires vérifiées par des experts. Elle transforme la vérité en simple opinion. Ces deux phénomènes se nourrissent l'un l'autre : la post-vérité provoque la polarisation qui, à son tour, constitue un terreau pour une politique post-vérité. Ces deux phénomènes ne sont pas nouveaux.[61] Mais ils s'imposent toutes voiles dehors depuis le début du 21e siècle.[62]

Les causes de la polarisation et de la politique post-vérité peuvent être débattues.[63] Mais leurs effets sur la vie politique sont clairs : elles corrompent le discours, les débats et les institutions publics. Ces deux phénomènes créent des communautés d'opinion fermées sur elles-mêmes, semblables à des sectes. Leurs membres n'ont cure de rechercher la vérité avec les

---

[61] Voir : Hannah Arendt, « Truth and Politics », *The New Yorker*, 25 février 1967 ; Timothy Snyder, *On Tyranny*, New-York, Crown Publishing Group, 2017.

[62] Voir le rapport du Economist Intelligence Unit, *Democracy Index 2020. In Sickness and in Health ?*, 2021 (publié pour la première fois en 2006). Le phénomène est particulièrement troublant aux États-Unis : voir, par exemple, Michael Waldman, *The Fight to Vote*, New-York, Simon & Schuster, 2022 ; David C. Barker et Elizabeth Suhay (dir.), *The Politics of Truth in Polarized America*, Oxford University Press, 2021 ; Timothy Snyder, « The War on History Is a War on Democracy », *The New York Times*, 29 juin 2021 ; Claudia Dreifus, « Democracy is at Stake », *The New York Times*, 1 juin, 2021 ; Christopher R. Browning, « The Suffocation of Democracy », *The New York Review of Books*, 25 octobre 2018 ; Lee McIntyre, *Post-Truth*, Cambridge, The MIT Press, 2018. Voir aussi, par exemple, Tom Ginsburg et Aziz Huq, *How to Save a Constitutional Democracy*, University of Chicago Press, 2018 ; Mark A. Graber, Sanford Levinson et Mark Tushnet (dir.), *Constitutional Democracy in Crisis ?*, Oxford University Press, 2018.

[63] Pensons, entre autres causes, aux populismes, aux réseaux sociaux, aux algorithmes sur internet, aux jeux vidéo, à la désinformation, au déclin de la presse écrite, aux radios « poubelles », à la culture de l'annulation, à l'enseignement universitaire militant, aux téléréalités, aux religions fondamentalistes, à la partisanerie politique excessive, aux blogues, aux influenceurs et aux chroniqueurs exprimant à chaud leurs intuitions et leurs émotions, à l'argent occulte ou à la démagogie débridée de plusieurs politiciens.

autres : leurs opinions font office de vérité, indépendamment de l'avis des experts, et constituent un marqueur identitaire, tant elle appartient aux sujets qui la possèdent. Cela rend la recherche de consensus, même de compromis politiques quasi impossibles. L'argumentation et les délibérations tournent court : Untel expose son opinion, Unetelle expose la sienne. Si ces opinions sont divergentes, les échanges deviennent rapidement polémiques, acrimonieux, irrespectueux et injurieux, car là où l'opinion est identitaire, la contradiction est une offense personnelle, et non un motif de débat. Les parties s'invectivent contre l'intelligence et l'intégrité morale de ceux qui ne pensent pas comme eux. La politique devient un champ de bataille où dominent la démagogie, la rhétorique, les attaques personnelles, les procès d'intention, l'enflure verbale, les insultes, l'intimidation et la haine. Le camp adverse est un ennemi à abattre, voire un « ennemi du peuple ». Dans une telle culture, l'opinion est reine, le désordre suit ; à terme, elles conduisent à la violence.[64] Pour citer l'historien Timothy Snyder, « [p]ost-truth is pre-fascism ».[65]

Il serait présomptueux et fort imprudent de croire que le Canada pourrait rester à l'abri des forces politiques et sociales qui agitent les démocraties contemporaines. Certes, des études montrent que la polarisation et la politique post-vérité sont moins intenses au Canada qu'ailleurs et, hier encore, on qualifiait « d'exceptionnalisme canadien » l'ouverture du Canada sur le monde, sa tolérance, son engagement envers l'immigration, le multiculturalisme et le multilatéralisme.[66] Cependant, d'autres études montrent que nous n'en sommes pas épargnés : la méfiance, la perception négative et la haine de ceux qui pensent différemment sont actuellement à la hausse

---

[64] La violence n'est jamais bien loin, comme l'ont montré les événements du 6 janvier 2021 aux États-Unis.

[65] « Post-truth is pre-fascism, and Trump has been our post-truth president. When we give up on truth, we concede power to those with the wealth and charisma to create spectacle in its place. Without agreement about some basic facts, citizens cannot form the civil society that would allow them to defend themselves. If we lose the institutions that produce facts that are pertinent to us, then we tend to wallow in attractive abstractions and fictions ». Timothy Snyder, « The American Abyss », *The New York Times*, le 9 janvier 2021.

[66] Par exemple : Stephen Marche, « Canadian Exceptionalism », *Open Canada*, 1er novembre 2016 ; Celine Cooper, *Canadian Exceptionalism. Are we good or are we lucky ?*, Montréal, McGill Institute for the Study of Canada, 2017. Voir aussi : Michael Adams, *Could It Happen Here ? : Canada in the Age of Trump and Brexit*, Toronto, Simon & Schuster (2017) – il répondait « non » ; Justin Trudeau, *Common Ground*, Toronto, Harper Collins Publishers, 2014.

et, corrélativement, la volonté de chercher la vérité en commun et de faire des compromis sont à la baisse.[67] La « culture de l'annulation » a pris racine, des enseignants ont brûlé ou enterré plusieurs milliers de livres dans un but éducatif, des statues ont été déboulonnées, des professeurs d'université s'autocensurent, des politiciens se font insulter, menacer ou attaquer physiquement pour leurs propos et des journaux reçoivent des volées de bois vert pour avoir simplement rapporté des faits que certains ne veulent pas entendre.

Cette tendance semble même s'être accélérée pendant la pandémie Covid-19. La politique post-vérité a trouvé preneurs à propos de l'existence du virus, du nombre de cas réels de Covid-19, de l'efficacité du vaccin, de l'existence d'un droit absolu de refuser de porter un masque en public et de se faire vacciner, de la corruption des médias traditionnels, de l'existence d'une « dictature » au Canada, etc.[68] La polarisation semble s'accentuer sur tous les sujets chauds : la gestion des pandémies, bien sûr, mais aussi la « liberté », les inégalités sociales, le féminisme, l'appropriation culturelle, l'immigration, l'identité nationale, la diversité, la protection de la langue française, le genre, la laïcité, le racisme systémique, les changements cli-

---

[67] Voir : Richard Johnston, « Affective Polarization in the Canadian Party System 1988-2015 », *Canadian Political Science Association Meetings,* Juin 2019 ; Michael J. Donnelly, *A Survey of Canadian Attitudes in Comparative Perspective*, Montréal, L'institut d'études canadiennes de McGill, 2017 ; Shannon Proudfoot, « One in four Canadians Hate their Political Opponents », *Macleans*, 11 janvier 2019. En 2020, le chef du Nouveau Parti démocratique (NPD), Jagmeet Singh, a traité de « raciste » un député qui a rejeté sa motion sur le racisme systémique en pleine Chambre des communes, et a refusé de s'excuser, pour le motif qu'une « personne qui vote contre une motion comme ça est raciste ». En 2021, Marie Vastel rapportait que « [n]ombre d'élus municipaux ont annoncé qu'ils quitteront l'arène politique ces derniers mois. Et parmi les principales raisons de ces départs figurait la flambée de commentaires agressifs sur les réseaux sociaux. » Marie Vastel, « Les aspirants candidats à l'élection fédérale prêts à braver les réseaux sociaux », *Le Devoir*, 10 juillet 2021. Selon un sondage opéré par Le Devoir auprès des élus fédéraux, plus de 95 % des répondants ont rapporté recevoir des commentaires désobligeants. Voir : Marie Vastel, « Les réseaux sociaux, un mal nécessaire, mais décourageant pour les élus », *Le Devoir*, 5 mai 2021.

[68] Les faussetés ont trouvé une voix politique dans un parti politique, le Parti populaire du Canada de Maxime Bernier (ce parti a reçu près de 8 % d'appuis aux élections de 2021 et, selon le président de la firme de sondage Nanos Research, le 13 février 2022, jusqu'à 16 % des Canadiens reconnaîtraient qu'ils pourraient envisager de voter pour M. Bernier).

matiques, la mondialisation, etc.[69] On voit poindre la violence politique populiste et d'extrême droite.[70]

Cela ne prouve évidemment pas que la culture juridique et que nos institutions politiques sont sur le point de s'écrouler, mais on aurait tort de ne pas prendre ces phénomènes au sérieux. Car si la polarisation et la politique post-vérité devaient s'imposer au Canada, je ne vois pas comment des juges et des administrateurs convaincus eux aussi que l'interprétation juridique est une question d'opinion et de pouvoir pourraient y échapper – si ce n'est qu'en raison du processus de leur nomination contrôlé par des politiciens tentés de nommer des juges et des administrateurs en raison de leurs opinions.

3.3.

Au Canada, le processus de nomination des juges des tribunaux supérieurs est secret et ne garantit pas l'absence d'influence, de partisanerie et de favoritisme politiques.[71] Pour cette raison, il peut être intéressant d'examiner les jugements de la Cour suprême à partir d'axes idéologiques, tels que l'axe libéral-conservateur ou l'axe centralisateur-décentralisateur. Cependant, ces types d'analyses tendent aussi à normaliser l'idée que le rôle de la Cour suprême est fondamentalement « politique » et, par voie de conséquence, à légitimer les nominations « idéologiques ». Pour prendre un exemple récent, Konrad Yakabuski, chroniqueur bien connu au Canada, soutenait que la

---

[69] Voir : Marie-Andrée Chouinard, « Sommes-nous plus divisés que jamais ? », *Le Devoir*, 29 avril 2021.

[70] Par exemple : on a lancé des roches en direction de Justin Trudeau pendant les élections fédérales de 2021 ; certains députés conservateurs ont appuyé le « convoi de la liberté » en février 2022 dont l'un des objectifs était de renverser le gouvernement démocratiquement élu ; des « complotistes » ont récupéré le terme « patriote » en brandissant des drapeaux canadiens et québécois pour attaquer la légitimité des institutions démocratiques.

[71] La décision finale est prise par le Premier ministre après avoir consulté le Cabinet à partir d'une liste de candidats approuvés par le ministre de la Justice. En principe, les critères de sélection reposent sur la compétence des candidats et candidates, de même que sur la représentativité géographique, sexuelle, linguistique et ethnique. En pratique, le jugement peut être tributaire d'un ensemble de facteurs politiques et juridiques généraux (libéral ou conservateur ? Fédéraliste ou souverainiste ? Centralisateur ou décentralisateur ? Protectionniste ou libre-échangiste ? Formaliste ou progressiste ? Originaliste ou non originaliste ? Etc.) ou spécifiques (pour ou contre la lutte aux changements climatiques, la laïcité ouverte, l'avortement, la déréglementation du marché, l'aide sociale, le multiculturalisme, le racisme systémique, le bilinguisme officiel, etc. ?).

personne nommée pour remplacer le juge Moldaver « pourrait faire pencher la balance pour ou contre le gouvernement du Québec et son invocation de la disposition de dérogation dans le dossier de la loi [sur la laïcité]. M. *Trudeau doit déjà y penser.* » (mes italiques).[72] Peut-être il a raison. Mais je ne vois pas comment on pourrait nier que ce soit là une forme de tyrannie.[73]

L'expérience américaine devrait nous mettre en garde. D'une part, comme plusieurs l'ont souligné en 2021, trop d'Américains ont eu tort de considérer les mensonges et les grossièretés de Donald Trump, depuis 2015 jusqu'au mouvement « Stop the Steal », comme des « jokes » ou des stupidités passagères d'un narcissique plutôt que comme de réelles menaces à la démocratie constitutionnelle.[74] D'autre part, le processus de nomination des juges est devenu très polarisé.[75] En retour, cela a renforcé la primauté de l'opinion, la conception de l'interprétation comme un acte de pouvoir et les nominations idéologiques. Ainsi, l'idée que les juges à la Cour suprême des États-Unis sont des « politiciens en robe » est maintenant très répandue dans les facultés de droit, chez les praticiens et dans la population. Il en résulte une perte de confiance, de respect et de légitimité.[76]

Il faut dire que les juges confèrent eux-mêmes du poids à cette idée. Je prends deux exemples presque au hasard, parmi de nombreuses affaires. En 2015, dans l'affaire *Obergefell* v. *Hodges*,[77] le juge en chef Roberts (dissident) écrivait :

> The majority's decision is an act of will, not legal judgment. The right it announces has no basis in the Constitution or this Court's precedent. The major-

---

[72] Konrad Yakabuski, « Et si la Cour suprême invalidait la loi 21 ? », *Le Devoir*, 22 janvier 2022.

[73] Bien entendu, il n'est nullement automatique qu'un juge nommé pour des raisons idéologiques agisse en conséquence : voir, par exemple, David Cole, « Surprising Consensus at the Supreme Court », *The New York Review of Books*, 19 août 2021.

[74] Voir : l'entrevue de Claudia Dreifus avec Marc Elias (avocat spécialisé en droit électoral), « Democracy is at Stake », *The New York Review of Books*, 1 juin 2021 ; Jamelle Bouie, « We Underestimated Trump Before. It Didn't Go Well », *The New York Times*, 28 septembre 2021.

[75] Pensons notamment à la polarisation de ce processus encouragée par les Républicains de Mitch McConnell sous les présidences de Barak Obama et de Donald Trump.

[76] Voir : les récents sondages : <https://www.ny1.com/nyc/all-boroughs/politics/2023/05/25/supreme-court-approval-rating-low-poll> ; <https://apnorc.org/projects/public-confidence-in-the-u-s-supreme-court-is-at-its-lowest-since-1973/>, (consulté le 25 juillet 2023).

[77] 135 S. Ct. 2584, 2612 (2015)

> ity expressly disclaims judicial "caution" and omits even a pretense of humility, openly relying on its desire to remake society according to its own "new insight" into the "nature of injustice." ... It can be tempting for judges to confuse our own preferences with the requirements of the law. ... The majority today neglects that restrained conception of the judicial role. It seizes for itself a question the Constitution leaves to the people, at a time when the people are engaged in a vibrant debate on that question.

En 2022, dans l'affaire *Dobbs* v. *Jackson Women's Health Organization*, la Cour suprême des États-Unis renversa la décision *Roe v. Wade* (reconnaissant depuis près de cinquante ans un droit constitutionnel à l'avortement fondé, entre autres choses, sur une interprétation controversée du droit à la liberté), ainsi que la décision rendue dans *Planned Parenthood of Southeastern Pa.* v. *Casey* (confirmant *Roe* v. *Wade* conformément à la doctrine du précédent – le *stare decisis*).[78] Selon la Cour, «*Roe* was egregiously wrong from the start ».[79] La décision était un exercice de «raw judicial power» qui provoqua «a national controversy that has embittered our political culture for a half century».[80] Quant à *Casey*, la doctrine du précédent sur laquelle elle était fondée « does not compel unending adherence to *Roe*'s abuse of judicial authority ».[81] De son point de vue, *Roe* sanctionnait la primauté de l'opinion sous le couvert de l'objectivisme : « It is time to heed the Constitution and return the issue of abortion to the people's elected representatives. ... That is what the Constitution and the rule of law demand ».[82]

En revanche, selon les juges dissidents, c'étaient plutôt les juges majoritaires qui sanctionnaient la primauté de l'opinion. Voici quelques extraits, parmi d'autres, à ce sujet :

> So one of two things must be true. ... Either the mass of the majority's opinion is hypocrisy, or additional constitutional rights are under threat. It is one or the other.[83]

---

[78] *Dobbs* v. *Jackson Women's Health Organization*, 597 U.S. (2022) ; *Roe* v. *Wade*, 410 U. S. 113 ; *Planned Parenthood of Southeastern Pa.* v. *Casey*, 505 U. S. 833.

[79] *Dobbs*, opinion de la Cour, p. 6.

[80] *Id.*, p. 3.

[81] *Id.*, p. 5-6 «Its reasoning was exceptionally weak, and the decision has had damaging consequences. And far from bringing about a national settlement of the abortion issue, *Roe* and *Casey* have enflamed debate and deepened division.»

[82] *Id.*, p. 6.

[83] Opinion dissidente, p. 5.

> The Court reverses course today for one reason and one reason only: because the composition of this Court has changed.... Today, the proclivities of individuals rule. The Court departs from its obligation to faithfully and impartially apply the law.[84]

> In the end, the majority says, all it must say to override *stare decisis* is one thing: that it believes *Roe* and *Casey* "egregiously wrong." That rule could equally spell the end of any precedent with which a bare majority of the present Court disagrees.... So how does that approach prevent the "scale of justice" from "waver[ing] with every new judge's opinion"? It does not. It makes radical change too easy and too fast, based on nothing more than the new views of new judges. The majority has overruled *Roe* and *Casey* for one and only one reason: because it has always despised them, and now it has the votes to discard them. The majority thereby substitutes a rule by judges for the rule of law.[85]

> [W]eakening *stare decisis* in a hotly contested case like this one calls into question this Court's commitment to legal principle. It makes the Court appear not restrained but aggressive, not modest but grasping. In all those ways, today's decision takes aim, we fear, at the rule of law. "Power, not reason, is the new currency of this Court's decisionmaking."[86]

Comment s'étonner, dès lors, que les juges soient perçus comme des politiciens en robe détenant le pouvoir d'imposer leurs opinions controversées – leurs « préférences » subjectives ou politiques par des « acts of will » – à toute la communauté ?[87] Ce n'est certainement pas le commentaire du Juge Scalia à propos de l'affaire *Bush* v. *Gore* (favorisant George W. Bush à l'élection présidentielle de 2000) qui l'empêchera.[88] Scalia avoua en privé que l'opinion de la Cour à laquelle il avait souscrit constituait « a piece of shit ».[89] C'est probablement pourquoi trois juges dissidents con-

---

[84] *Id.*, p. 6.

[85] *Dobbs*, opinion dissidente, p. 31-32.

[86] *Id.*, p. 57. Voir aussi p. 55-56, 59.

[87] Bien entendu, en général, les juges nient être des « politiciens en robe ». Voir : Stephen Breyer, *The Authority of the Court and the Peril of Politics*, Cambridge, Harvard University Press, 2021. Mais la réplique est souvent cinglante : cet aveuglement manifesterait soit de la naïveté, soit un noble mensonge, voire un autre « Big Lie ». Voir : Laurence Tribe, « Politicians in Robe », *The New York Review of Books*, 10 mars 2022.

[88] *Bush* v. *Gore*, 531 US 98 (2000).

[89] Voir : Evan Thomas, *First: Sandra Day O'Connor*, New York, Random House, 2019. Pour une liste de commentaires du même type, voir : Ruth Bader Ginsberg, *My Own Words*, New-York, Simon & Schuster, 2016, p. 236-237.

clurent en ces termes : « One thing, however, is certain. Although we may never know with complete certainty the identity of the winner of this year's Presidential election, the identity of the loser is perfectly clear. It is the Nation's confidence in the judge as an impartial guardian of the rule of law. »[90]

Dans un contexte où la polarisation et la politique post-vérité prend racine, il y a de bonnes raisons de croire qu'accepter la vérité de la théorie selon laquelle l'interprétation n'est au fond qu'une question d'opinion et de pouvoir normalisera la tyrannie et, à terme, légitimera le désordre.

---

[90] *Bush* v. *Gore*, 531 US 98, 128-29 (2000). Voir aussi les extraits de l'affaire : *Biden* v. *Nebraska* (décidée le 30 juin 2023) supra note 57.

Chapitre III
Les fondements du pluralisme interprétatif

Revenons maintenant à la théorie du pluralisme interprétatif que défend Morissette. Je l'ai résumé brièvement au chapitre premier. Je m'arrête à cette version, car elle représente le point de vue explicite ou implicite de nombreux juristes en matière d'interprétation des textes litigieux. Comme on l'a vu, cette théorie ne fait pas que décrire le fait du pluralisme interprétatif, c'est-à-dire, le fait empirique incontestable que les juristes et les citoyens sont souvent en désaccord sur la bonne interprétation des textes de loi litigieux. Elle prétend décrire la nature interne ou profonde de l'interprétation des textes litigieux. Selon cette théorie, le fait du pluralisme serait irréductible en raison de la nature même du droit et du langage utilisé dans les textes de loi litigieux. L'interprétation ne pourrait pas relever des catégories du vrai et du faux (sauf en de très rares cas). Elle serait une question d'opinion. Pour ce motif, la vérité des interprétations retenues ne serait pas une question de droit, mais une question de pouvoir.[91] Ceux qui croient qu'il existe des interprétations correctes ou vraies des textes de loi litigieux seraient donc victimes d'une erreur philosophique: ils croient en quelque chose qui n'existe pas. C'est pourquoi la théorie de Morissette est une forme (partielle) de nihilisme juridique.

L'objectif de ce chapitre est de clarifier les fondements de cette théorie du mieux possible, car une théorie descriptive ne peut avoir plus de force normative que celle que lui confèrent ses propositions fondamentales. Selon ce que je comprends, la version de Morissette repose sur trois thèses. La première procède d'une théorie de la connaissance (ou épistémologie) «fondationnaliste». La seconde procède d'une doctrine philosophique positiviste. Elle comporte deux aspects: une théorie de la méthode

---

[91] Bien entendu, les interprétations peuvent être plus ou moins raisonnables selon le cas. Mais le raisonnable est aussi une question d'opinion. Par conséquent, la vérité qu'une interprétation est plus raisonnable qu'une autre est aussi une question de pouvoir.

scientifique et une théorie de la connaissance (ou épistémologie positiviste). La troisième thèse procède d'une théorie positiviste du droit (le « positivisme juridique »), notamment de la version avancée par H.L.A. Hart. Cette dernière propose une représentation de la nature du droit dans le cadre des deux autres thèses. Je critiquerai ces thèses aux deux prochains chapitres.

1. Le fondationnalisme

La première thèse procède d'une théorie de la connaissance (ou épistémologie) « fondationnaliste ». Elle postule que la connaissance est possible à l'égard de deux catégories de croyances :

1/ une catégorie de croyances de base ou « fondationnelles » dont la connaissance est absolument certaine, évidente ou nécessaire (la « fondation ») ;

2/ une catégorie de croyances « dérivées » dont on peut démontrer qu'elles sont adéquatement soutenues par la catégorie de croyances fondationnelles.

Selon le fondationnalisme, il importe d'abord de déterminer la nature des croyances fondationnelles et, ensuite, la nature de la justification, c'est-à-dire, de quelle manière ces croyances fondationnelles soutiennent les croyances dérivées. En géométrie, par exemple, les croyances fondationnelles sont des axiomes absolument certains et celles-là soutiennent adéquatement d'autres croyances par voie de raisonnements déductifs rigoureux ou apodictiques dont les conséquences sont incontestables. Les conclusions qui en résultent sont « correctes » et les croyances ou les propositions qui les expriment sont nécessairement « vraies » ; elles peuvent donc faire l'objet d'une connaissance véritable.

1.

Morissette applique cette théorie de la connaissance au droit. Pour ce motif, une interprétation juridique ne pourrait faire l'objet de connaissance que dans les cas où elle résulte d'un raisonnement apodictique à partir de croyances « fondées » sur le texte litigieux dont la connaissance est absolument certaine, universelle et indiscutable. Ces croyances font office de prémisses et l'interprétation qui en résulte peut être dite « correcte ».[92] Ne

---

[92] Morissette, « Rétrospective », supra note 24, 27, note 64. Je rappelle que pour lui, « 'correct' means demonstrably apodictic » et « the concept of apodicticity conveys an idea of certainty ». Les termes correct et incorrect ne devraient qualifier que les

peuvent donc être *vraies* que les propositions interprétatives qui expriment ce type de conclusion, soit à peu près aucune car, comme nous l'avons vu, là où l'interprétation est requise, il y a rarement de certitude et là où il y a certitude, il n'est pas besoin d'interpréter. L'interprétation juridique ne relèverait donc pas du vrai et du faux, mais seulement du raisonnable et du déraisonnable.

Or, soutient-il, il existe une distinction catégorique d'ordre philosophique et conceptuel entre les jugements qui relèvent du vrai et du faux et les jugements qui relèvent du raisonnable et du déraisonnable. Les jugements qui relèvent du vrai et du faux seraient par *essence* corrects ou incorrects en vertu d'une démonstration apodictique. Les jugements qui relèvent du raisonnable et du déraisonnable seraient par *essence* assertoriques : ils seraient foncièrement et irréductiblement doxastiques.[93] Les deux types de jugements formeraient donc deux catégories distinctes, irréductibles, incompatibles et incommensurables de l'entendement.[94] Pour ce motif, les jugements interprétatifs ne peuvent pas être à la fois corrects *et* raisonnables, erronés *et* raisonnables ou erronés *et* déraisonnables.[95] La proposition «2 + 2 = 4» est correcte ; on ne dit pas qu'elle est raisonnable (une telle qualification n'ajoute rien à la compréhension de son statut). La proposition «2 + 2 = 5» est erronée ; elle n'est pas déraisonnable et il serait absurde de dire qu'une telle erreur puisse être raisonnable. Les propositions suivantes seraient donc confuses : «cette interprétation raisonnable est 'correcte'» ; «cette interprétation raisonnable est 'erronée'» ; «cette erreur est déraisonnable» et ainsi de suite.[96] Pour le même motif, ils ne peuvent pas se situer sur un continuum partant des interprétations correctes à une extrémité vers les interprétations erronées à l'autre extrémité, en passant par une gamme d'interprétations plus ou moins raisonnables et déraisonnables.[97]

---

propositions, énoncés ou assertions «whose obvious truth or falsehood easily come to mind». Morissette, «Reasonable Decision», supra note 24, 240. Voir aussi : 238-241 et 242, note 55. Voir : Morissette, «Deux ou trois choses», supra note 24, par. 12.

[93] Morissette, «Rétrospective», *id.*, 26 et 28.
[94] Voir : *id.*, 41 ; Morissette, «Reasonable Decision», supra note 24, 241.
[95] Morissette, «Rétrospective», *id.*, 40.
[96] Morissette, «Reasonable Decision», supra note 24, 241.
[97] Morissette, «Rétrospective», supra note 24, 40.

2.

Cette thèse pose toutefois une ambiguïté qu'il nous faut écarter avant de poursuivre. La connaissance d'une chose suppose la vérité des croyances que l'on a à propos de cette chose (c'est pourquoi on la qualifie parfois de connaissance « véritable », bien que cette expression soit redondante). Or, selon Morissette, la connaissance ne semble être possible que là où la vérité est absolument certaine, incorrigible et immuable, telle que les vérités évidentes par elles-mêmes ou nécessaires, ou là où on peut dériver logiquement de telles vérités via un raisonnement apodictique. Pour ce motif, seules les choses dont on peut être certain au-delà de tout doute *possible* pourraient être connues ; et, par conséquent, toutes nos autres croyances relèveraient de l'opinion. Il n'y aurait donc qu'un seul critère permettant de distinguer la connaissance de l'opinion et ce serait ce qu'on pourrait nommer la *certitude absolue*.[98]

Mais cette inférence serait « excentrique » (selon sa conception du « déraisonnable ») : car s'il était vrai que la certitude absolue constituait l'unique critère de la connaissance, alors un nombre indéfini de propositions de faits admises comme vraies dans les sciences empiriques ne seraient que de simples opinions. Ce qui n'est pas le cas. Les propositions scientifiques peuvent être *vraies* même si elles ne sont pas absolument certaines, immuables ou incorrigibles, car il est toujours possible qu'elles puissent être contredites par d'autres propositions scientifiques et elles doivent être corrigées dès lors qu'elles sont « falsifiées ». Elles ne se situent donc pas au-delà de tout doute *possible*. Cela vaut autant pour les énoncés particuliers (tel vaccin est efficace contre tel virus) que pour les énoncés probabilistes (dans tous les cas où une personne est en contact rapproché avec une personne atteinte de tel virus, la probabilité qu'elle l'attrape est très élevée) et les généralisations universelles (les risques graves associés aux maladies contre lesquelles tel vaccin protège sont beaucoup plus fréquents que ceux associés au vaccin). On ne traite pas le monde observable ou les caractéristiques des faits empiriques comme un système mathématique. S'il est exact de dire que les propositions scientifiques constituent des assertions à propos de ce qui « est », l'absence de certitude absolue n'en fait pas de simples

---

[98] On pourrait croire qu'il y a quelque chose de cartésien chez Morissette. Pour Descartes, je le rappelle, la connaissance des choses devait être fondée sur le modèle géométrique d'Euclide : seules les pensées dont on ne peut pas douter peuvent être fondationnelles. René Descartes, *Discours de la méthode*, 1637, IIe partie.

opinions. Lorsque nous les qualifions « d'opinions scientifiques », la notion est utilisée dans son sens faible et ordinaire qui admet qu'elles puissent être vraies ou fausses. Je suppose que Morissette admet cela.

Il doit donc exister quelque critère de connaissance autre que la certitude absolue. Mais lesquels ? L'idée générale est celle-ci : là où la certitude absolue est impossible, ce qui permet de distinguer la connaissance de l'opinion est la justification rationnelle d'une proposition que l'on affirme être vraie sur la base de l'observation des faits, de preuves et de raisons pertinentes dont la force probante est *suffisante* pour l'emporter sur les propositions qui la contredisent. En d'autres mots, le critère est la prépondérance des preuves et des raisons avancées au soutien d'une proposition prétendue vraie, compte tenu de tout ce que l'on sait par ailleurs. On est dans le champ du « plus probable » même si, dans certains cas, la preuve et les raisons peuvent être si fortes que la vérité des propositions empiriques peut être tenue pour « certaine ».

Je suppose que Morissette admet cela aussi. À plusieurs reprises, il fait l'éloge des théories du droit de H.L.A. Hart et de Hans Kelsen dont les propositions sont conçues comme des affirmations vraies à propos du monde observable.[99] Or, il serait présomptueux de soutenir que nous possédons une connaissance absolument certaine de ce que ces auteurs identifient comme constituant la norme fondamentale du droit, que ce soit la « *Grundnorm* » de Kelsen ou la règle de reconnaissance de Hart : elles n'ont ni le statut d'un axiome mathématique ou d'un théorème ni celui d'un fait observable accessible à nos sens – on ne peut ni les voir, ni les toucher, ni les entendre, ni y goûter. Selon Kelsen, la *Grundnorm* est une hypothèse ou une présupposition.[100] Selon Hart, bien que l'existence et le contenu de la règle de reconnaissance soient conçus « as an empirical, though complex, question of fact »,[101] ce fait n'est pas observable : sa représentation dépend d'une forme d'herméneutique ou d'interprétation.[102]

---

[99] Voir : Morissette, « Deux ou trois choses », supra note 24, 599 et suiv. ; « Reasonable Decision », supra note 24, 227-233. Je reviens sur ce point plus bas.

[100] Voir : Hans Kelsen, *The Pure Theory of Law*, Berkeley, University of California Press, 1967, p. 202.

[101] Voir : Hart, supra note 4, p. 245 note 1.

[102] Voir : H. L. A. Hart, *Essays in Jurisprudence and Philosophy*, Oxford University Press, 1983, p. 13.

La question devient donc celle-ci : pourquoi devrait-on poser la « certitude absolue » comme unique critère de connaissance en matière d'interprétation, alors qu'elle ne l'est, ni dans les sciences empiriques ni dans les théories du droit de Hart et Kelsen? La réponse de Morissette, me semble-t-il, réside dans les postulats de la doctrine philosophique « positiviste ».

2. La doctrine positiviste

La seconde thèse qui sous-tend la théorie du pluralisme interprétatif procède d'une doctrine philosophique positiviste. Cette doctrine participe de l'empirisme qui remonte aux travaux de David Hume. Pour nos fins, elle comprend deux aspects : une théorie de la méthode scientifique et une théorie de la connaissance.

1.

La théorie positiviste de la méthode scientifique énonce comment établir l'existence des faits objectifs ou de leurs caractéristiques réelles et comment vérifier la vérité des assertions qui prétendent les décrire correctement. La méthode consiste à s'abstraire de toutes anticipations, conjectures, intuitions et préjugés, notamment de ceux issus de la métaphysique, de la théologie, de la morale et du sens commun (ou le « gros bon sens »), et à ne tenir compte que de ce qui est vérifiable empiriquement, de sorte que tout ce qui n'est pas vérifiable de cette manière ne concerne pas la science. La méthode est expérimentale : elle procède par des observations méthodiques et des expériences du type de celles que l'on fait « sur le terrain » ou dans les laboratoires.

Un énoncé scientifique est vrai si, et seulement si, il correspond aux faits objectifs (s'il constitue une « copie » des faits) qu'il prétend décrire ; autrement, il est faux ou il n'est pas scientifique. C'est ce que l'on nomme la théorie de la « vérité-correspondance ». Si je dis « il pleut dehors » et que dans les faits il pleut dehors, l'énoncé est vrai ; si dans les faits, dehors, il ne pleut pas, l'énoncé est faux. De même, si je dis « les licornes existent empiriquement », l'énoncé est faux. Cependant, si je dis « les licornes aiment le sirop d'érable » alors que l'on sait qu'il n'existe aucun fait vérifiable dans le monde empirique auquel correspond le mot « licorne », on dira que l'énoncé n'est pas scientifique – dans cette mesure, l'énoncé n'est scientifiquement ni vrai ni faux ; mais dans la mesure où il présuppose l'existence empirique des licornes, il est scientifiquement faux.

2.

Pour sa part, la théorie de la connaissance (ou l'épistémologie) positiviste est fondationnaliste. Selon cette théorie, il existe deux et seulement deux catégories de croyances de base ou fondationnelles. La première est formée des propositions abstraites (les « relations d'idées ») dont la vérité est absolument certaine et incorrigible, comme en mathématiques, en géométrie et en logique. Ici, le critère de ce qui peut être connu est la *certitude absolue*. Leur vérité dépend de la seule opération de la pensée. La seconde catégorie de croyances de base ou fondationnelles est formée des croyances à propos du monde observable (les « faits ») dont la vérité est établie conformément à la théorie positiviste de la méthode scientifique. Ici, le critère de ce qui peut être connu n'est pas la certitude absolue, car, on l'a dit, les vérités factuelles sont contingentes ; elles peuvent toujours être corrigées ou falsifiées par de nouvelles recherches ou la découverte de faits contraires.[103] Le critère est plutôt la *vérifiabilité*, fondée sur la prépondérance suffisante des preuves et des raisons avancées au soutien d'une proposition prétendue vraie, compte tenu de tout ce que l'on sait par ailleurs.

Il existe donc deux catégories de croyances fondationnelles : celles qui concernent les « vérités de raison » (vérités logiques, formelles ou nécessaires) et celles qui concernent des « vérités de faits » (vérités empiriques, matérielles ou contingentes).[104] En ce qui concerne les autres croyances qui pourraient aussi avoir le statut de connaissance, elles doivent pouvoir être dérivées logiquement de ces deux catégories de croyances fondationnelles.

Pour ces motifs, la doctrine positiviste ne confère pas le statut de connaissance aux énoncés normatifs et évaluatifs, tels que les énoncés moraux. Ces énoncés n'expriment ni des croyances de base ou fondationnelles ni des croyances dérivées de telles croyances. Ils expriment plutôt des « préférences » à propos de comment le monde « devrait être », c'est-à-dire, des *valeurs*. Or, d'une part, les valeurs ne relèvent pas de la raison. Elles relèvent plutôt de la *passion* – David Hume, par exemple, soutenait que la raison

---

[103] Voir : David Hume, *Enquête sur l'entendement humain* (1748), éd. trad. par A. Leroy en 1947, Paris, Flammarion, 2006, p. 70-71.

[104] Voir : *id.* : « [t]ous les objets de la raison humaine et de nos recherches peuvent se diviser en deux genres, à savoir les relations d'idées et les faits ».

est même « l'esclave de la passion ».[105] Les énoncés normatifs et évaluatifs n'expriment donc pas des « vérités de raison » et on ne peut les dériver logiquement de telles vérités.

D'autre part, les valeurs ne constituent pas non plus des faits objectifs du monde extérieur observables et vérifiables empiriquement – ni des propriétés de tels faits. Le « vice » ou le « mal », par exemple, qui qualifie certains actes, disons le meurtre ou le vol, n'est pas un fait observable enfoui *dans* les actes jugés vicieux ou mauvais.[106] Les énoncés normatifs et évaluatifs n'expriment donc pas des « vérités de faits ». En cela, ils sont différents des énoncés scientifiques. Ces derniers se fondent sur des faits empiriques objectifs du monde extérieur (par exemple, les planètes, les arbres, les virus) qui, en heurtant nos sens, nous forcent à croire qu'ils existent réellement. Mais puisque les valeurs n'existent pas dans le monde extérieur en tant que faits empiriques objectifs, le monde extérieur ne peut ni causer nos valeurs ni nous forcer à croire qu'elles existent réellement. C'est pourquoi les positivistes soutiennent que les valeurs sont des préférences subjectives qui relèvent des passions ou des sentiments des uns et des autres, tout comme les goûts, le chaud et le froid.

Cette distinction entre les *faits* et les *valeurs* sous-tend la critique de « première importance » avancée par Hume contre tous les systèmes normatifs ou évaluatifs qui prétendent déduire des jugements moraux (« ce

---

[105] David Hume, *Traité de la nature humaine* (1740), trad. par Philippe Folliot, coll. « Les classiques des sciences sociales », 2006, Livre II p. 149 : « Rien ne peut s'opposer à l'impulsion d'une passion ou la retarder, sinon une impulsion contraire ... Ainsi il apparaît que le principe qui s'oppose à notre passion ne peut être identique à la raison et qu'il n'est appelé tel qu'en un sens impropre. ... La raison est et ne peut qu'être l'esclave des passions et elle ne peut jamais prétendre à une autre fonction que celle de servir les passions et de leur obéir. »

[106] Voir, par exemple : Hume, *id.*, Livre III, p. 15-16 : « Mais peut-il y avoir quelque difficulté à prouver que le vice et la vertu ne sont pas des choses de fait dont l'existence pourrait être inférée par la raison ? Prenez une action reconnue comme vicieuse, un meurtre prémédité, par exemple. Examinez-le de tous les points de vue et voyez si vous pouvez trouver cette chose de fait, cette existence réelle que vous appelez *vice*. Quelle que soit la façon dont vous le considériez, vous trouverez seulement certaines passions, certains motifs, certaines volitions et certaines pensées. Il n'y aucune autre chose de fait dans ce cas. Le vice vous échappe entièrement aussi longtemps que vous considérez l'objet.... Le vice et la vertu peuvent donc être comparés à des sons, des couleurs, du chaud et du froid qui, selon la philosophie moderne, ne sont pas des qualités des objets, mais sont des perceptions de l'esprit. » Certes, il est possible d'énoncer un jugement de fait à propos de la personne qui énonce un jugement évaluatif ou normatif : on peut décrire ses passions. Mais cela est une autre question.

qui devrait être») à partir de jugements de fait («ce qui est»). Pour les positivistes, on le sait, on ne peut logiquement dériver les énoncés normatifs et évaluatifs des énoncés de faits. Voici comment il exprimait cette distinction :

> Je ne peux pas m'empêcher d'ajouter à ces raisonnements une remarque qui, peut-être, sera trouvée de quelque importance. Dans tous les systèmes de morale que j'ai rencontrés jusqu'alors, j'ai toujours remarqué que les auteurs, pendant un certain temps, procèdent selon la façon habituelle de raisonner et établissent l'existence de Dieu ou font des observations sur les affaires humaines ; puis, soudain, je suis surpris de voir qu'au lieu des habituelles copules *est* et *n'est pas*, je ne rencontre que des propositions reliées par un *doit* ou un *ne doit pas*. Ce changement est imperceptible, mais néanmoins de la première importance. En effet, comme ce *doit* ou *ne doit pas* exprime une nouvelle relation ou affirmation, il est nécessaire qu'on la remarque et qu'on l'explique. En même temps, il faut bien expliquer comment cette nouvelle relation peut être déduite des autres qui en sont entièrement différentes, car cela semble totalement inconcevable. Mais, comme les auteurs n'usent pas habituellement de cette précaution, je me permettrai de la recommander aux lecteurs et je suis persuadé que cette petite attention renversera tous les systèmes courants de morale et nous fera voir que la distinction du vice et de la vertu ne se fonde pas simplement sur les relations des objets et qu'elle n'est pas perçue par la raison.[107]

D'autres types de discours, tels que la théologie ou la métaphysique, ne peuvent pas non plus avoir le statut de connaissance rationnelle ou de connaissance empirique. Certains positivistes (associés au positivisme logique) vont jusqu'à soutenir que ces discours sont dénués de sens : ils ne signifieraient rien et ne représenteraient rien. Ils ne seraient ni vrais ni faux, car ces positivistes font de la *vérifiabilité* par l'expérience, non seulement un critère de connaissance parmi d'autres, mais le critère du *seul* type de choses qui existe dans le monde extérieur dont on peut parler de manière intelligible.[108] En d'autres mots, en l'absence de preuve suffisante justifiant l'utilisation d'un énoncé à propos d'un état de choses dans le monde, il n'existerait aucune circonstance justifiant son utilisation. Ainsi, l'énoncé «les licornes aiment le sirop d'érable» serait dénué de sens. De ce point de vue, non seulement tous les énoncés à propos du monde doivent pouvoir être vérifiables par l'expérience pour avoir un sens, c'est-à-dire, soutenus

---

[107] *Id.*, p. 16.
[108] Voir : Alfred Jules Ayer, *Language, Truth and Logic*, 2ᵉ éd., Londres, Victor Golancz, 1948.

par des preuves empiriques solides, mais la seule réalité (ce qui existe) dont on puisse parler de manière intelligible consiste en des choses empiriquement observables et vérifiables. Comme on le verra plus loin, cette thèse permet de comprendre pourquoi, selon Hart et Morissette, les mots utilisés dans les règles de droit sont « dénués de sens » dès lors que leur sens est litigieux.[109]

À cet égard, je rappelle que Hume prescrivait de mettre au feu tous les ouvrages qui ne contiennent ni raisonnement abstrait sur les quantités et les nombres ni raisonnement expérimental sur des questions de faits et d'existence. Ces ouvrages, soutenait-il, ne contenaient que « sophismes et illusions ».[110] Bien entendu, tous les positivistes ne partagent pas cette conclusion incendiaire, mais tous estiment que la science est la voie à emprunter pour comprendre la nature de la réalité extérieure. Pour ces motifs, si un énoncé à propos d'un état de choses dans le monde ne peut pas être vérifié scientifiquement, on pourrait détenir la preuve que cet état de choses n'existe pas.

3.

La théorie de Morissette procède d'une doctrine positiviste de ce genre. Premièrement, il admet les vérités de raison et les vérités de fait fondées sur la théorie de la vérité-correspondance. À l'égard des premières, il est suffisant de rappeler sa discussion sur la force normative des raisonnements apodictiques et sa référence à la vérité absolument certaine du dernier théorème de Fermat. À l'égard des secondes, il suffit de citer le passage dans lequel la conception de la vérité-correspondance justifie son adhésion aux théories du droit élaborées par Hans Kelsen et H.L.A. Hart : ces théories, soutient-il, « donnent du droit une *image qui coïncide sur l'essentiel* avec ce qui a été vu plus haut, mais qui *correspond* aussi aux phénomènes juridiques présents dans divers autres cadres spatio-temporels ».[111]

Deuxièmement, il maintient fermement la distinction positiviste entre la raison et les valeurs. Selon lui, les jugements normatifs et évaluatifs de la Cour suprême portent souvent sur des questions « insolubles », en ce sens qu'elles sont « ontologiquement réfractaires à des raisonnements logico-

---

[109] Voir : infra, le texte accompagnant les notes 129-133.
[110] Hume, supra note 103, p. 222.
[111] Morissette, « Deux ou trois choses », supra note 24, 599, [Mes italiques]. Sur le théorème de Fermat, voir Morissette, « Reasonable Decision », supra note 24, 240-241.

déductifs ». Pensons à la question de savoir si le droit à la vie comprend le droit de se donner la mort. Aucun raisonnement à l'intérieur du droit positif ne permet de trancher « de manière rationnellement irrésistible » entre les réponses plausibles et il « doute » qu'un tel raisonnement puisse être « possible de l'extérieur du droit ». Tout ce qui intéresse le juriste, soutient-il, est la « décision » rendue par une institution judiciaire, car elle seule permet de mettre fin au « dilemme de l'âne de Buridan ». Pour les mêmes motifs, il n'y a pas lieu de s'engager dans les « innombrables gloses, analogies, 'déductions', variantes et triturations » qu'on pourrait tirer du contenu de ces décisions, car ce serait « perdre un temps précieux pour tenter d'élucider par une apparence d'intellection un dilemme hors du temps et, pour l'essentiel, impénétrable à la raison ».[112] Il n'est pas exagéré de lire ces passages comme une recommandation d'exécuter la prescription de David Hume et de débarrasser le droit de tous les énoncés qui ne résultent ni d'un raisonnement abstrait absolument certain ni d'un raisonnement expérimental – les allumettes à part.

Troisièmement, Morissette réfute la théorie de l'interprétation constructive avancée par Ronald Dworkin sur la base du critère positiviste de vérifiabilité. Cette théorie serait « indémontrable », soutient-il, car tout « démontre » aux juristes que là où le droit est litigieux, il est indéterminé.[113] Certes, d'aucuns peuvent affirmer qu'une interprétation donnée présente le droit sous son meilleur jour (qu'elle est la plus forte tant du point de vue de son adéquation que du point de vue de sa justification morale). Mais cela n'est pas la même chose que d'en « démontrer l'existence en fait ».[114] De plus, ajoute-t-il, ce serait « tentant de vérifier la thèse de Dworkin [par] une méthode expérimentale », mais cela est impossible :[115] la thèse est « rebelle à toute vérification empirique ». Il est donc « impossible de démontrer » d'une manière le moindrement « réaliste » que les décisions controversées de la Cour suprême, même unanimes, sont les bonnes, les mauvaises, les plus adéquates, les plus solides moralement ou encore qu'elles présentent le droit sous son meilleur jour.[116]

---

[112] Morissette, « Deux ou trois choses », *id.*, 597.

[113] *Id.*, 602.

[114] *Id.*

[115] *Id.*, 603.

[116] *Id.*, 602. Sans entrer dans la controverse, il est utile de rappeler que Dworkin admet sans réserve la critique de Morissette. Dworkin ne prétend pas que sa théorie du droit est « descriptive » ; c'est une théorie « interprétative », c'est-à-dire, une représentation

Enfin, la doctrine positiviste soutient la thèse de Morissette selon laquelle nous ne pouvons pas affirmer objectivement que telle interprétation est plus ou moins raisonnable (sauf dans les cas où toutes ou presque toutes les personnes autorisées jugent qu'elle est déraisonnable). Pourquoi ? La réponse, me semble-t-il, est que le raisonnable et le déraisonnable ne sont pas des *faits*, mais des *valeurs*. Ultimement, ils échappent à la raison comme toutes les valeurs (ils relèvent de la passion), ainsi qu'à la vérifiabilité empirique (ils n'ont pas d'existence dans le monde extérieur). La « raison » qui évalue le « raisonnable » ne peut donc être qu'instrumentale en fonction des valeurs subjectives des uns et des autres. Par conséquent, un jugement qu'une interprétation est raisonnable ne peut pas être vrai apodictiquement ni vérifiable par l'expérience (il n'existe aucun fait objectif dans le monde extérieur auquel les termes « raisonnable » ou « déraisonnable » peuvent correspondre et sur la base desquels un raisonnement apodictique pourrait procéder).

Je ne crois pas exagérer en croyant que, selon Morissette, les « choses » que la raison ne peut pas démontrer apodictiquement et que la science ne peut pas vérifier par l'expérience n'existent pas. Ainsi, le fait qu'on ne puisse pas démontrer ni vérifier empiriquement l'existence d'une bonne interprétation d'un texte de loi litigieux constitue la « preuve » qu'elle n'existe pas. Il n'y a donc rien à en dire d'intéressant et cela ne devrait pas intéresser les juristes, pas plus que ne le sont les jugements moraux ou éthiques, théologiques ou métaphysiques.

(ou « construction ») du droit en tant que pratique sociale contenant des aspects descriptifs (« adéquation ») et normatifs (« justification »). La théorie de Dworkin rompt avec le positivisme ; ses prétentions à la vérité s'appuient sur autres choses que les seuls faits empiriques. Il n'est pas question de vérités factuelles, mais de « vérités interprétatives ». Chercher à réfuter cette théorie pour le seul motif qu'elle ne satisfait pas au critère positiviste de vérifiabilité ou au critère de certitude absolue fondée sur raisonnements logico-déductifs, c'est comme chercher à réfuter le plan d'un architecte tenu d'améliorer l'intégrité d'un bâtiment patrimonial du mieux possible, pour le motif que le projet est indémontrable apodictiquement et invérifiable empiriquement par l'expérience. Pour que la critique de Morissette soit efficace, il faudrait montrer que la doctrine positiviste constitue la seule « bonne » théorie de la connaissance, sinon dans tous les cas, au moins aux fins de l'épistémologie du droit. Mais cela pose une difficulté : car si elle constitue la seule bonne approche du vrai et du faux, alors la démonstration que le positivisme est la seule bonne théorie de la connaissance devrait procéder conformément à ses propres postulats. Or, on voit mal comment cela se pourrait. L'épistémologie positiviste ne constitue pas un fait empirique vérifiable.

De plus, je ne crois pas me tromper en soutenant que, selon lui, si un phénomène peut être expliqué par des faits observables, sans supposer l'existence de choses qui ne sont pas vérifiables scientifiquement, alors on doit supposer que ces choses invérifiables n'existent pas.[117] Ainsi, si nous pouvons expliquer la nature interne ou profonde de l'interprétation juridique par la seule observation scientifique des faits empiriques, tels que l'opinion subjective des interprètes et le pouvoir, alors on doit le faire sans supposer l'existence d'interprétations correctes inobservables et invérifiables : supposer l'existence de telles interprétations au-delà des faits n'ajouterait rien à la réalité et, corrélativement, à la vérité.

3. La théorie positiviste du droit

Je passe maintenant à la troisième thèse qui sous-tend la théorie du pluralisme interprétatif : la théorie du droit. Cette théorie a pour objet la représentation du droit ou de l'ordre juridique « tel qu'il est » dans la réalité. Elle procède de la doctrine positiviste et participe du « positivisme juridique ». Elle postule que le droit est un « fait social » qui existe objectivement dans le monde indépendamment de l'esprit de celui qui l'observe et de la théorie qui le représente. On peut donc le décrire et le représenter tel qu'il est, objectivement, indépendamment de tout recours aux valeurs, notamment à la morale. C'est là l'une des significations du principe de la « séparation du droit et de la morale » exprimant la distinction positiviste entre les faits et les valeurs, entre ce qui « est » et ce qui « devrait être ».

Bien que Morissette s'appuie sur les versions proposées par Hans Kelsen et H.L.A. Hart, ses arguments ont plus d'affinités avec celle de Hart, probablement en raison de son fondement empirique (Hart s'inscrit dans la tradition empiriste de Hume, alors que Kelsen procède plutôt de la tradition kantienne).[118] Mais cela importe peu. Dans ce qui suit, je m'en tiendrai à

---

[117] Cette thèse est associée au « rasoir d'Occam » affirmé par le philosophe et théologien Guillaume d'Occam au XIVe siècle. Ce principe énonce qu'il ne faut pas multiplier les entités sans nécessité. C'est devenu un principe de la science moderne.

[118] Morissette est un lecteur attentif de Hart, comme il nous propose de l'être. Voir, par exemple : « Deux ou trois choses », supra note 24, 607. Les assises de la théorie du pluralisme interprétatif résident dans la théorie positiviste. Voir, par exemple : *id.*, 599-601. Morissette admet se « fonder » sur celle de Hart pour justifier ses thèses. *Id.*, 602. Cela indique que, selon lui, il existe de bonnes raisons de supposer que la théorie de Hart est vraie et que celles qui la contredisent, telles que celle de Dworkin, sont fausses. Mais il existe une difficulté. D'une part, comme on l'a vu, il réfute la

la théorie proposée par Hart. J'entends montrer que c'est précisément en raison de la nature du droit (ou de ses propriétés constitutives), telle que conçue par Hart à la lumière des postulats fondationnalistes de la doctrine positiviste, que la théorie du pluralisme interprétatif peut être comprise et justifiée – si elle le peut.

1.

La théorie positiviste du droit proposée par Hart est fondationnaliste. Elle repose sur une catégorie de croyances de base ou « fondationnelles » à propos du monde observable dont le statut de connaissance ne dérive d'aucune autre croyance ou proposition. Ces croyances concernent l'existence d'une règle sociale fondamentale, la « règle de reconnaissance ».[119] Cette règle est « ultime » et « arbitraire », tout comme le mètre étalon.[120] Elle est aussi un type particulier de pratique sociale : elle est conventionnelle, c'est-à-dire, une forme de « judicial customary rule » qui existe parce que « it is accepted and practised in the law-identifying and law-

---

théorie de Dworkin pour le motif qu'elle n'est pas vérifiable scientifiquement. D'autre part, il affirme « [qu'il] serait hasardeux de soutenir que Hart a gagné et que Dworkin a perdu, ou vice versa ». Selon lui, « [l]es thèses en présence sont en suspens dans l'éther ». *Id.*, 606. Cela est intrigant. La difficulté tient à ce que ce passage pourrait impliquer que la théorie du pluralisme interprétatif n'est finalement qu'une question *d'opinion* et que son fondement n'est qu'une question de *choix*, un choix « raisonnable » peut-être, mais quand même un choix : Morissette a choisi Hart, un autre pourrait tout aussi bien choisir Dworkin. Le cas échéant, je le crains, l'argumentation de Morissette ne fournirait aucune bonne raison de le suivre et de croire que la théorie du pluralisme interprétatif est vraie. Elle ne pourrait pas non plus résister aux attaques de ceux qui soutiennent qu'elle est fausse. Par conséquent, les thèses de Morissette deviendraient inintéressantes et l'on pourrait légitimement se demander pourquoi il les a défendues avec autant de force. Pour nous convaincre que la représentation du droit proposée par Hart implique la théorie du pluralisme interprétatif, elle doit constituer une prétention à la vérité. Le « raisonnable » ne suffit pas, bien qu'il puisse exister une pluralité de théories raisonnables du droit concurrentes : ou bien la théorie de Hart est vraie et Dworkin a tort, ou bien Dworkin a raison et la théorie du pluralisme interprétatif est mal fondée. Pour ce motif, je vais supposer que le passage cité ne concerne pas tant le scepticisme de Morissette à l'égard de la vérité de la théorie de Hart, que le fait que les juristes et les philosophes qui s'intéressent aux fondements du droit ne s'accordent pas sur « qui a gagné », s'il en est un.

[119] Voir : H.L.A. Hart, « Postscript », dans *The Concept of Law*, 2ᵉ éd., Oxford, Clarendon Press, 1994, p. 255-256.

[120] Hart, supra note 4, p. 103-106.

applying operations of the courts».[121] Elle constitue le «fondement» du droit et son contenu énonce les critères de validité de toutes les autres règles de droit, c'est-à-dire, les critères qui permettent d'identifier les règles qui appartiennent au système juridique d'une société. Hart conçoit l'existence et le contenu de cette règle «as an empirical, though complex, question of fact».[122] Ils sont «vérifiables» en confrontant nos croyances à la pratique réelle des tribunaux et autres autorités lorsqu'ils identifient les règles de droit qu'ils doivent appliquer.[123]

Toutes autres croyances qu'on peut dériver logiquement, directement ou indirectement, de la catégorie de croyances fondationnelles à propos de la règle de reconnaissance peuvent aussi avoir le statut de connaissance juridique. Ces croyances dérivées correspondent à toutes les règles sociales et institutionnelles dont les critères de validité *dérivent* ultimement de la règle de reconnaissance.[124] Elles correspondent à toutes les règles (primaires et secondaires) qui satisfont ultimement aux critères de validité qu'elle énonce.[125]

Il est donc possible, selon Hart, d'avoir connaissance de l'existence et du contenu de la règle de reconnaissance. Il est aussi possible d'avoir connaissance des règles de droit valides. Mais il demeure une difficulté. Est-il possible d'avoir connaissance du contenu normatif ou du «sens véritable» des règles de droit? D'une part, la fonction de la règle de reconnaissance n'est pas de déterminer le contenu normatif des règles qui font partie du système juridique. Elle est d'énoncer les critères de validité qui permettent de les identifier. Or, ces critères réfèrent aux «sources» ou «pedigree» des règles, c'est-à-dire, à la manière dont elles ont été édictées ou promulguées, tel que le fait pour une règle d'avoir été édictée par le Parlement, d'être énoncée dans des décisions judiciaires ou d'être coutumière. Ils réfèrent à des faits sociaux. Ils ne déterminent pas par eux-mêmes le

---

[121] Voir: Hart, supra note 119, p. 256.

[122] Voir: Hart, supra note 4, p. 245, note 1. Cela dit, comme nous l'avons rappelé, la détermination de l'existence et du contenu d'une règle sociale peut exiger une forme d'herméneutique. Voir, par exemple, Hart, supra note 102, p. 13.

[123] Hart, supra note 4, *id.* Voir aussi: *id.*, p. 98-99.

[124] Sur le concept de «dérivation», voir: *id.*, p. 98.

[125] *Id.*, p. 92-93 et chap. VI, notamment aux p. 98-100. À propos de la distinction entre les règles primaires et secondaires, voir *id,* chap. V.

contenu normatif des règles de droit valides ; ce n'est pas là leur fonction.[126] Pour ce motif, on les qualifie souvent de critères « formels ». On ne peut donc pas dériver logiquement, par déduction ou induction, le sens véritable des règles de droit valides uniquement à partir du contenu de la règle de reconnaissance.

D'autre part, le sens véritable d'une règle de droit valide semble faire partie des choses qui échappent à la méthode scientifique. On peut certainement observer les textes, les mots et les phrases (ces taches noires sur un papier blanc), mais on ne peut observer leur sens véritable ni leur interprétation correcte. Le contenu normatif d'un texte n'apparaît pas au fond des mots que l'on voit, que l'on entend ou que l'on touche comme une pépite d'or apparaît au fond d'une rivière. Le sens véritable d'un texte n'est pas un fait empirique enfoui dans les mots. On ne peut donc pas dériver logiquement, par déduction ou induction, le contenu normatif des règles de droit valides uniquement à partir des textes (mots, phrases) qui prétendent les exprimer. *A fortiori*, on ne peut démontrer qu'une interprétation est correcte ou qu'une proposition interprétative est vraie simplement en la confrontant aux mots et aux phrases utilisés dans le texte de loi litigieux.[127] Il faut autre chose.

On pourrait objecter que les règles de droit valides ont néanmoins un sens objectif en raison des définitions consacrées par les dictionnaires. Mais

---

[126] Hart, supra note 119, p. 269. Voir aussi : Hart, supra note 4, p. 246. Selon Hart, une règle de reconnaissance peut énoncer des critères de validité *substantiels*, y compris des critères moraux. Le cas échéant, l'exigence demeurerait toutefois un critère de *validité* des règles de droit ; elle ne déterminerait pas leur contenu normatif ni leur portée, bien qu'elle puisse l'encadrer. D'autres positivistes, tels que Joseph Raz, estiment au contraire qu'une règle de reconnaissance ne peut jamais énoncer des critères de validité *substantiels*, tels que des critères moraux. La validité des règles de droit ne doit dépendre que de « faits sociaux ». C'est ce qu'il nomme la « thèse des sources ». Voir la description de la thèse des « sources » dans Joseph Raz, *The Concept of a Legal System*, 2ᵉ éd., Londres, Clarendon Press, 1980, p. 212 ; Joseph Raz, *The Authority of Law*, 2ᵉ éd., Oxford University Press, 2009, chap. 3. Cette thèse participe de ce qu'on nomme le positivisme « exclusif » ou (« hard »). Je reviens brièvement sur ce point plus bas, Chapitre V.

[127] Dans le même sens, Hans Kelsen soutenait que tout ce qu'un chercheur peut connaître en observant un texte sujet à interprétation, c'est un « cadre » ouvert à l'interprétation : « If 'interpretation' is understood as cognitive ascertainment of the meaning of the object that is to be interpreted, then the result of a legal interpretation can only be the ascertainment of the frame which the law that is to be interpreted represents, and thereby the cognition of several possibilities within that frame ». Hans Kelsen, cité dans : Morissette, « Reasonable Decision », supra note 24, 231.

ce n'est pas ce qu'énonce la théorie de Hart. Les définitions des mots que l'on trouve dans les dictionnaires ne font pas partie du droit ; elles ne sont pas des règles de droit valides. Si elles en étaient, la théorie de Hart pourrait constituer une copie bizarre du formalisme ou du conceptualisme juridique. Si le règlement énonçant « aucun véhicule dans ce parc » devait formellement être interprété conformément à la définition du dictionnaire, on pourrait devoir interdire tout « ce qui sert à transmettre, à faire passer d'un lieu à un autre, à communiquer », incluant les poussettes pour bébés, les tricycles, les patins à roulettes, les téléphones cellulaires, etc. En effet, l'interdiction de toutes ces choses résulterait d'un raisonnement apodictique ou logico-déductif à partir de la définition formelle du dictionnaire. Mais Hart rejette explicitement cette conception du processus de décision judiciaire et de l'interprétation juridique. Ce n'est pas ainsi que les juges décident et ce serait indésirable, voire stupide qu'ils le fassent.[128]

2.

Selon Hart, le contenu normatif des règles de droit valides dérive des jugements subjectifs ou intersubjectifs de ceux qui doivent les appliquer à des cas concrets, compte tenu des conventions linguistiques et des consensus sociaux ou judiciaires, dont le statut est *extérieur* aux règles de droit. Dans les cas dits « faciles », le sens des règles peut *sembler* clair et certain. Mais ce n'est pas en raison de quelque propriété physique ou métaphysique résidant dans le langage. C'est en raison d'un « accord général » quant à l'application des termes généraux au cas concret. C'est cet accord général qui rend les règles de droit « déterminées » :

> the general terms *seem* to need no interpretation and where the recognition of instances *seems* unproblematic or 'automatic', [ces cas] are only the familiar ones, constantly recurring in similar contexts, where there is *general agreement in judgments* as to the applicability of the classifying terms.[129]

C'est pourquoi, lorsque les jugements sont contradictoires ou disparates à propos de l'application possible des termes généraux à un cas concret, lorsqu'il y a un litige, les cas sont dits difficiles (ce sont les « hard cases ») : le sens des règles semble obscur ; il est dans la « pénombre ». Dans ces cas,

---

[128] Voir: Hart, supra note 4, p. 126 et suiv. Voir aussi : Hart, supra note 102, p. 66-67.
[129] Hart, supra note 4, p. 123 [Mes italiques].

soutient-il, « there are *reasons both for and against* our use of the general term, and *no firm convention or general agreement* dictates its use ».[130]

L'argument procède de certaines présuppositions à propos du langage auxquelles j'ai fait allusion plus haut. La thèse est complexe, mais je tente une brève explication. Pour qu'un énoncé puisse avoir un sens (ou être signifiant), il doit exister des règles conventionnelles ou un accord déterminant quand et comment on peut l'utiliser. C'est une question de communication. Par exemple, il existe une règle conventionnelle prescrivant que je dois utiliser l'énoncé «j'ai un téléphone» seulement lorsque je veux communiquer le fait que j'ai un téléphone, et pas autrement. Pour que l'énoncé soit utilisé correctement, il faut donc une preuve que je possède réellement un téléphone et le fait qu'il y ait un accord général ou une convention linguistique qui détermine que ce que je possède est réellement un téléphone prouve que l'énoncé a un sens. Le cas est clair.

Mais s'il existe des raisons à la fois *pour* et *contre* l'utilisation d'un terme général pour désigner une chose, alors il n'existe pas d'accord général ou de conventions linguistiques prescrivant quand et comment on peut l'utiliser dans ce contexte. Et s'il n'existe pas de tel accord ou convention, alors il n'existe pas de preuve que l'énoncé est utilisé correctement lorsqu'on l'utilise pour désigner cette chose. Par exemple, s'il existe des raisons pour et contre l'utilisation du terme «véhicule» pour désigner mon téléphone, alors il n'existe pas de règles conventionnelles ou d'accord déterminant si je peux utiliser ce terme pour le désigner. Mais s'il n'existe pas de tel accord général ou convention, alors il n'existe pas de preuve que l'énoncé «j'ai un véhicule» est utilisé correctement pour communiquer le fait que je possède un téléphone. Le sens de l'énoncé «j'ai un véhicule» est donc indéterminé, du moins à l'égard d'un téléphone. Pour ce motif, la décision de l'utiliser à cette fin (dans ce sens plutôt que dans un autre) relève, nécessairement, d'un choix.

Ce phénomène, on le sait, correspond à ce que Hart nomme la « texture ouverte » du langage et, conséquemment, des règles de droit :[131]

> The open texture of law means that there are, indeed, areas of conduct where much must be left to be developed by courts or officials striking a balance, in the light of circumstances, between competing interests which vary in

---

[130] *Id.*, p. 123-124 [Mes italiques].
[131] Hart, supra note 4, p. 124-126.

weight from case to case ... In every legal system a large and important field is left open for the exercise of discretion by the courts and other officials.[132]

Ce pouvoir discrétionnaire est même très large, car une règle déterminée peut soudainement devenir « indéterminée » dans des situations ou des types de problèmes que leurs auteurs n'ont pas prévus ou n'auraient pas pu prévoir, compte tenu des diverses finalités que l'on peut attribuer à la règle, des valeurs sociales et des conséquences qui sont en jeu. Même les « canons of interpretation » ne peuvent pas éliminer de telles incertitudes, « for these canons are themselves general rules for the use of language, and make general terms which themselves require interpretation ».[133] Le champ d'application des règles de droit valides est donc instable par « nature », si je puis dire.

3.

Selon Morissette, la théorie de Hart (de même que celle de Kelsen) parviendrait « le mieux à distinguer le contingent du nécessaire en droit et à épuiser ce que l'on peut dire avec certitude sur le sujet (mince) de la rationalité juridique ». Et il ajoute : « Conscient du contenu de ces théories, le juriste comprend ce qu'il fait et apprécie les limites (vite atteintes) de la rationalité juridique ».[134] C'est une affirmation forte, mais bien fondée car ces limites (vite atteintes) de la rationalité juridique reflèteraient une *vérité* relative « au rapport qu'un lecteur peut entretenir avec un texte ».[135] Cette vérité réside dans la doctrine du « scepticisme épistémologique », héritée du pluralisme des lumières.

---

[132] *Id.*, p. 132. « Here at the margin of rules and in the fields left open by the theory of precedents, the courts perform a rule-producing function which administrative bodies perform centrally in the elaboration of variable standards. In a system where stare decisis is firmly acknowledged, this function of the courts is very like the exercise of delegated rule-making powers by an administrative body. In England this fact is often obscured by forms: for the courts often disclaim any such creative function and insist that the proper task of statutory interpretation and the use of precedent is, respectively, to search for the "intention of the legislature" and the law that already exists. »

[133] *Id.*, p. 123.

[134] Morissette, « Deux ou trois choses », supra note 24, 599. Selon Morissette, la théorie « officielle » de l'interprétation procède d'un « modèle communicationnel » et, pour ce motif même, sa valeur explicative est faible lorsque les cas sont problématiques (les « hard cases »). Voir : Morissette, « Peut-on 'interpréter' », supra note 24, 31-32.

[135] Morissette, « Rétrospective », supra note 24, 23.

Cette doctrine, soutient-il, se retrouve dans les idées «les plus fécondes» au XXe siècle «en philosophie analytique, en linguistique, en herméneutique et en pragmatique».[136] Ces idées formeraient donc les «assises intellectuelles profondes» de la théorie du pluralisme interprétatif. Les principes qui s'en dégagent, ajoute-t-il, sont «(i) résolument modernes, voire post-modernes (ii) en accord avec la vision du droit véhiculée par la très influente école de pensée qu'on appelle *American Legal Realism* et (iii) en accord aussi avec les avancées contemporaines... en philosophie analytique (par exemple, John Langshaw Austin et Hilary Putnam) et en philosophie du langage (par exemple, Willard van O. Quine et Stuart Hampshire)».[137]

À cet égard, Morissette cite avec approbation le philosophe contemporain des sciences, Hilary Putnam. Je reproduis l'essentiel de la citation :

> What we call the Enlightenment was in large part an intellectual movement devoted to providing a rationale for this kind of "open society"; it was not only a political and historical rationale, but also an epistemological rationale, one which included "arguments about the uncertainty of our moral and religious knowledge". And the problems generated by the Enlightenment are still our problems; we value tolerance and pluralism, but we are troubled by the epistemological scepticism that came with that tolerance and pluralism.[138]

Le droit, selon Morissette, est un cas d'espèce. Ainsi, pour les mêmes motifs, le scepticisme épistémologique donnerait le vertige aux juristes : il infligerait «un sévère démenti à cette vision trop simple de l'activité interprétative» selon laquelle les mots d'un texte de loi n'auraient qu'un seul sens qu'il appartiendrait aux tribunaux de droit commun de découvrir et de fixer correctement;[139] et il semblerait impliquer que «tout est politique» – bien que, pour sa part, Morissette tente de substituer le «raisonnable» à cette conséquence.[140]

Je reviendrai sur la pensée de Putnam au prochain chapitre. Nous verrons qu'il ne justifie pas nécessairement la théorie du pluralisme interprétatif que défend Morissette. Pour le moment, je voudrais simplement souligner que le passage précité est intrigant, car Morissette semble étendre à la nature de l'interprétation juridique la doctrine du scepticisme épistémologique

---

[136] *Id.*, 25.
[137] *Id.*, 13.
[138] *Id.*, 24.
[139] *Id.*, 25.
[140] *Id.*, 18, 24 et 25.

qui, selon Putnam, a valorisé la *tolérance* et le *pluralisme* en matières morales et religieuses.

Or, d'une part, le scepticisme épistémologique en matière morale et religieuse reposait sur le « doute », c'est-à-dire, sur l'idée que nous ne pouvons pas être certain d'atteindre la vérité et la connaissance en ces matières, et non pas sur la « négation » qu'il puisse exister quelque vérité religieuse et morale objective : plusieurs philosophes des lumières affirmaient même que la raison humaine pouvait l'atteindre pour peu que nous luttions contre le cléricalisme, l'obscurantisme et l'irrationalisme – d'où l'importance de la tolérance et du pluralisme. Le scepticisme épistémologique ne reposait donc pas sur une forme de *nihilisme,* contrairement à la théorie du pluralisme interprétatif qui nie que nous puissions atteindre la vérité en matière d'interprétation juridique.

D'autre part, dans le cadre de la théorie du pluralisme interprétatif qui réduit la vérité à une question de *pouvoir*, le passage précité pourrait laisser entendre que les justiciables devraient faire preuve de « tolérance » à l'égard des interprétations juridiques que préfèrent les personnes en autorité qui ont le pouvoir d'imposer leurs vues à tous les autres. Mais n'est-ce pas tordre le concept de tolérance ? S'il est vrai qu'il existe une pluralité d'interprétations raisonnables également valables d'un même texte de loi, la tolérance ne devrait-elle pas être exigée des personnes en autorité plutôt que des citoyens ? Les personnes en autorité (ou les personnes qui ont le pouvoir de les nommer) ne devraient-elles pas s'abstenir d'imposer leurs vues par la contrainte à ceux qui ne les approuvent pas ? N'est-ce pas là ce que signifie la tolérance et le pluralisme dans la pensée des lumières ? Selon moi, le fait du pluralisme interprétatif et le scepticisme épistémologique devraient plutôt constituer une raison de conférer le même statut et la même légitimité aux interprétations raisonnables d'un même texte de loi et, en cas de conflit, de tenter de les réconcilier, de proposer des compromis ou des accommodements mutuels – et non pas d'en choisir une, celle d'un ou de quelques juges (pourquoi la leur ?) et de l'imposer à tous. J'ai exploré cette hypothèse ailleurs et j'y reviens brièvement au chapitre VI.[141]

---

[141] Voir : Luc B. Tremblay, « Le constitutionnalisme à l'heure du pluralisme et du multiculturalisme », (2017-5) *RRJ – Cahiers de méthodologie juridique* 1870 ; Luc B. Tremblay, « An egalitarian defense of proportionality-based balancing », (2014) 12 *Int'l J. Const. L.* 864 ; Luc B. Tremblay, « Pierre Elliott Trudeau et le multiculturalisme constitutionnel », (2020) 99 *S.C.L.R.* (2d) 333 ; aussi dans Noura Karazivan et Jean Leclair, *The Political and Constitutional Legacy of Pierre Elliott Trudeau,*

4. Conclusion

Voilà ce qui, selon moi, constitue les véritables fondements de la théorie du pluralisme interprétatif proposée par Morissette. Elle repose sur trois thèses : le fondationnalisme, une doctrine philosophique positiviste et la théorie positiviste du droit proposée par Hart. Si ma lecture est la bonne, la théorie de Morissette est logique et cohérente : le pluralisme interprétatif est corrélatif à l'indétermination du droit ; l'indétermination du droit est corrélative à la nature du droit ; la nature du droit est corrélative à la doctrine positiviste ; et la doctrine positiviste est tributaire d'une épistémologie fondationnaliste.

Cette discussion permet enfin de comprendre pourquoi, selon lui, la « certitude absolue » devrait constituer l'unique critère de connaissance en matière d'interprétation juridique : la doctrine positiviste postule qu'il n'y a que deux types de vérité, les vérités de raison et les vérités de faits ; or, selon cette doctrine, les interprétations dites correctes (les jugements interprétatifs) ne sont pas vérifiables scientifiquement (affirmer l'existence d'une bonne interprétation, dit-il, « n'est pas la même chose qu'en démontrer l'existence en fait ») ; il ne reste donc, potentiellement, que les vérités de raison (raisonnements apodictiques, logico-déductifs, etc.) – d'où le critère de certitude absolue.

Mais cela ne clôt pas le débat. Comme on l'a dit, la théorie du pluralisme interprétatif n'a pas plus de force normative ou valeur de vérité que celle que peuvent lui conférer ses fondements. Mais surtout, il pourrait exister d'autres fondements valables aux prétentions qu'une interprétation proposée est « correcte » et que la proposition qui l'exprime est « vraie ». Et, comme de raison, tout engagement sérieux envers la primauté du droit nous impose d'explorer une fois de plus cette possibilité. Dans ce qui suit, j'examine la force normative de la doctrine fondationnaliste positiviste (chapitre IV) et, ensuite, celle de la théorie positiviste du droit avancée par Hart (chapitre V). Je soutiendrai qu'elle est bien limitée dans les deux cas.

Toronto, LexisNexis, 2019 ; Luc B. Tremblay, « Secularism and Constitutionalism », dans Eleonora Ceccherini, Laura de Gregorio (dir.), *Pluralismo religioso, forma di Stato e autonomia privata*, Roma, Libellula Edizioni, 2020 ; Luc B. Tremblay, « L'émergence d'un constitutionnalisme pluraliste et le subjectivisme en droit constitutionnel », dans Alain Gagnon et Pierre Noreau (dir.), *Mélanges en l'honneur de José Woerhling*, Les Éditions Thémis, 2017, p. 15 et suiv. Dans ces textes, le principal fondement de la thèse est normatif : c'est l'égalité morale des personnes dans le cadre d'une société pluraliste et multiculturelle.

Chapitre IV
Les limites de la doctrine positiviste

Il n'y a aucun doute que la doctrine philosophique positiviste a contribué de manière inestimable à l'avancement des connaissances, tant dans les sciences naturelles que dans les sciences sociales. Je crois aussi qu'elle a remarquablement contribué à l'élaboration de théories descriptives et générales du droit, comme le prouve celle avancée par Hart. La difficulté est que si nous acceptons de représenter la nature de l'interprétation juridique dans le cadre de cette doctrine philosophique, alors nous acceptons que les seuls critères qui puissent nous assurer que les propositions interprétatives sont vraies soient la certitude absolue et la vérifiabilité de nos croyances à propos du monde empirique. Il s'ensuit que nous acceptons que l'interprétation en droit ne fasse pas l'objet d'une connaissance juridique (sauf peut-être dans de rares exceptions) et, par conséquent, qu'elle relève nécessairement de l'opinion et du pouvoir.

Mais est-ce ainsi que nous comprenons ce que nous faisons lorsque nous interprétons consciencieusement un texte de loi litigieux ? Est-ce que cette thèse contribue adéquatement à notre compréhension de l'interprétation juridique ? Il existe des raisons d'en douter. Dans ce chapitre, j'examine quelques limites de la doctrine positiviste.

1. Une doctrine impérialiste

C'est un vieil enseignement d'Aristote « [qu'on] ne doit pas chercher la même rigueur dans toutes les discussions indifféremment ». Selon lui, « [il] est d'un homme cultivé de ne chercher la rigueur pour chaque genre de choses que dans la mesure où la nature du sujet l'admet : il est évidemment à peu près aussi déraisonnable d'accepter d'un mathématicien des raisonnements probables que d'exiger d'un rhéteur des démonstrations proprement dites ».[142] Si une recherche apporte sur un sujet tous les éclaircissements que permet sa nature, alors elle devrait être considérée comme suffisante. En particulier, ajoutait-il, lorsque les choses étudiées « donnent lieu à de telles divergences et à de telles incertitudes qu'on a pu croire qu'elles existaient seulement *par convention et non par nature* », nous devrions nous contenter « de montrer la vérité d'une façon grossière et approchée ».[143] Ce postulat méthodologique avait précisément pour objet de distinguer l'étude de la politique – ce qui chez Aristote incluait le droit – des recherches théorétiques et scientifiques fondées sur des raisonnements démonstratifs et apodictiques (mathématiques, géométrie) et des sciences empiriques et expérimentales (physique, biologie et médecine).

C'est en raison d'un postulat semblable qu'à partir des XVIIe et XVIIIe siècles les philosophes empiristes ont rompu avec les théories et les méthodes scientifiques fondées sur la vision du monde (ou métaphysique) d'Aristote dite « téléologique » [selon cette vision du monde, la nature et les choses naturelles s'expliquent et doivent s'expliquer par leurs finalités (*telos*) intrinsèques, ce qu'Aristote nommait les « causes *finales* »]. Ces théories et méthodes n'apparaissaient plus adaptées à l'étude de la « nature » telle que les empiristes la concevaient et les énoncés aristotéliciens ne satisfaisaient plus à leurs critères de vérité et de vérifiabilité.[144] En d'autres mots, la prépondérance des preuves et des raisons, telles que comprises à la lumière de tout ce que les empiristes admettaient par ailleurs être vrai, plaidait en faveur d'une vision du monde (ou métaphysique) « mécaniste », ainsi que d'une épistémologie et d'une méthode scientifique qu'on qualifiera plus tard de positiviste [selon cette vision du monde « mécaniste », la nature et les choses naturelles s'expliquent et doivent s'expliquer uniquement par les lois des mouvements de la matière ou les lois de la causalité, c'est-à-dire, par des relations de cause à effet, la cause faisant office de « cause *efficiente* » : elle est la condition antécédente à la réalisation d'autres conditions].

---

[142] Aristote, *Éthique à Nicomaque*, trad. J. Tricot 1959, Éditions Les Échos du Maquis, 2014, p. 1094b.

[143] *Id*. [mes italique].

[144] Par exemple : il était désormais illégitime de postuler la vérité de principes premiers (axiomes) établissant la nature fondamentale des choses étudiées et d'en déduire toutes les autres vérités (théorèmes), car ces premiers principes, de même que les propositions scientifiques générales (théories, hypothèses, lois), ne pouvaient pas être confrontés à des faits par l'observation et l'expérimentation ni être vérifiés s'ils sont vrais dans tous les cas possibles où ils pourraient s'appliquer.

S'ensuivait-il désormais que nous devions toujours avoir le type de rigueur, de raisonnements et de méthodes propres à l'épistémologie et à la méthode scientifique positivistes, quel que soit l'objet de nos recherches ? S'ensuivait-il qu'il n'y avait plus d'espace pour la vérité et la connaissance des choses entre les jugements qui expriment de simples opinions et ceux qui sont absolument certains ou vérifiables empiriquement ? S'ensuivait-il qu'il n'y avait plus d'espace pour des vérités pratiques, évaluatives ou normatives ? Les positivistes tendent à le croire.

La doctrine positiviste a un caractère impérialiste que d'aucuns pourraient qualifier de « totalitaire ». Comme on a vu, elle postule qu'il n'y a que deux sortes de vérités : les vérités de raison absolument certaines et les vérités de faits vérifiables par l'expérience. Pour ce motif, cette doctrine impose le critère de vérifiabilité de la méthode expérimentale à *tous* les contenus de pensée qui ne sont pas absolument certains. Ainsi, nos croyances à propos du monde extérieur (la réalité) qui ne sont pas vérifiables empiriquement ne peuvent pas être « vraies » et le statut de ce qu'elles expriment ne peut pas être « objectif ». Il s'ensuit que ce qui n'est pas « scientifique » n'a pas d'existence objective et, par conséquent, ne peut pas être « connu ». Ce ne sont « qu'illusions ou sophismes », pour reprendre les mots de David Hume.

Il en résulte un curieux paradoxe. D'une part, la théorie de la *méthode* scientifique avait pour objet d'émanciper la recherche de la vérité des théories fondées sur la métaphysique téléologique d'Aristote. Le but était de promouvoir l'avancement des connaissances en excluant des processus de recherche, les schèmes conceptuels et les interprétations théoriques « téléologiques » de l'univers qui s'interposaient entre le monde réel et les chercheurs. D'autre part, *l'épistémologie* positiviste a pour objet d'assujettir la recherche de la vérité à une métaphysique « mécaniste » moderne. Or, en stipulant d'avance que seules peuvent être objectives ou réelles les choses qui satisfont au critère de vérifiabilité scientifique, elle interpose à son tour un schème conceptuel et une interprétation théorique de l'univers entre le monde réel et les chercheurs. Peut-être a-t-elle raison, mais cela pourrait aussi constituer un obstacle à l'avancement des connaissances. Bien entendu, si l'on pouvait démontrer *scientifiquement* que la doctrine positiviste est vraie, alors nous devrions l'admettre. Mais une telle démonstration est logiquement impossible selon les postulats du positivisme : la doctrine elle-même est invérifiable empiriquement (on ne peut ni la voir, ni la sentir, ni la toucher, etc.). Elle semble donc tout aussi impérialiste que la métaphysique aristotélicienne qu'elle a voulu remplacer.

2. Les faits ne sont pas tous vérifiables

Il est généralement admis en philosophie contemporaine des sciences, y compris parmi les positivistes, que l'on peut connaître des faits du monde extérieur qui échappent aux critères de vérifiabilité.

1.

Les généralisations universelles (« tous les êtres humains sont mortels »), par exemple, dont certaines font office de « lois universelles » (disons, les lois du mouvement universel) peuvent être vraies même s'il est impossible de les vérifier au cas par cas dans toutes les situations possibles où elles sont censées s'appliquer.[145] Les généralisations universelles dépassent nécessairement ce qui a été et ce qui peut être réellement observé ; elles décrivent, expliquent ou prédisent des choses qui n'ont pas encore été observées. Nos croyances à leur propos peuvent donc être vraies même si elles ne satisfont pas au critère de vérifiabilité. De plus, la vérité d'une loi universelle permet aussi de connaître l'existence de choses (faits, phénomènes) qui échappent à l'observation. Au XIXe siècle, par exemple, des chercheurs qui connaissaient les lois du mouvement et la loi de la gravitation universelle de Newton posèrent l'hypothèse qu'une planète inobservable existait réellement compte tenu des mouvements irréguliers de la planète Uranus et ils établirent les conditions de sa force d'attraction, telles que sa masse et sa position. Cette hypothèse fut confirmée plus tard par l'observation d'une nouvelle planète, Neptune.

Par ailleurs, ce qui est observable n'est parfois explicable qu'en utilisant des « termes théoriques » dont l'objet est de désigner des entités inobservables.[146] Pour certains positivistes (que l'on nomme les « réalistes »), ces entités inobservables existent réellement ; elles existent réellement dans le monde extérieur, dès lors qu'elles sont *pertinentes* aux fins d'une théorie explicative vraie, même si elles ne sont pas vérifiables.[147] Par exemple, toujours au XIXe siècle, certains chercheurs postulèrent l'existence objec-

---

[145] Une loi universelle affirme que si certaines conditions sont satisfaites, alors des conditions d'un autre genre seront toujours réunies de la même façon.

[146] Voir : Anjan Chakravartty, « Scientific Realism », *The Stanford Encyclopedia of Philosophy* 2017, en ligne : <https://plato.stanford.edu/archives/sum2017/entries/scientific-realism/>, (consulté le 25 juillet 2023).

[147] Voir : Carl Hempel, *Éléments d'épistémologie*, trad. B. Saint-Sernin, Paris, Armand Colin, 1972.

tive d'entités inobservables – ce qu'on appelle maintenant les « gènes » – pour le motif que le terme théorique permettait à la théorie de l'hérédité de faire des prédictions fiables.[148] Il est vrai que cette position est contestée par les empiristes que l'on nomme « instrumentalistes ». Selon ces derniers, les théories scientifiques ne sont que des outils commodes permettant d'organiser la connaissance de ce qui est observable et de prédire les phénomènes – elles n'ont pas nécessairement valeur de vérité. De ce point de vue, seules les croyances soutenues par des entités observables peuvent être justifiées. Il serait donc illégitime de croire en l'existence d'entités théoriques inobservables. La controverse se poursuit et ce n'est pas le moment de l'examiner.[149]

Pour nos fins immédiates, il suffit de noter que les scientifiques peuvent admettre l'existence réelle d'entités inobservables et invérifiables par l'expérience. La vérité des termes théoriques qui les représentent est indirecte et dépend de divers types de raisonnements déductifs et mathématiques à partir de lois universelles et d'expériences. Les critères de vérité et de connaissance ont donc été étendus au-delà de la vérifiabilité empirique. Ils résident dans le fait que si des termes théoriques sont pertinents pour expliquer et prédire certains phénomènes observables, ce fait constitue une bonne raison de croire que les entités inobservables qu'ils décrivent existent objectivement, c'est-à-dire, qu'elles sont bien réelles, et que la théorie qui les utilise fournit l'explication correcte de la réalité. Pour ce motif, les démonstrations scientifiques constituent des *justifications*, c'est-à-dire, des raisonnements qui justifient nos croyances à propos de ce qui existe dans le monde. La vérité de nos croyances à propos du monde peut donc résulter d'une justification rationnelle fondée sur des preuves et des raisons pertinentes dont la force probante est suffisante pour l'emporter sur toutes les croyances et les propositions qui la contredisent.

---

[148] Voir: Edward Edelson Owen Gingerich, *Gregor Mendel and The Roots of Genetics*, Oxford University Press, 1999.

[149] La position instrumentaliste est toutefois étrange, car elle implique que n'importe quelle théorie pourrait faire l'affaire dès lors qu'elle organise la connaissance de ce qui est observable et permet de prédire correctement les phénomènes, même si les explications produites n'ont aucune pertinence avec ce qui est expliqué. Ainsi, la théorie « explicative » d'un religieux qui aurait prédit qu'il y aurait des meurtres cette année à Montréal en raison d'un châtiment divin pourrait, semble-t-il, être qualifiée de « scientifique ».

2.

Cet assouplissement pourrait avoir un impact sur ce que peut être une théorie positiviste du droit, car il rend possible l'existence objective de propriétés juridiques inobservables constitutives de son contenu normatif. Par exemple, ce que Hart a nommé le « point de vue interne » des personnes en autorité peut être constitué d'un ensemble de choses (propriétés, entités) qu'un théoricien qui a pour objet la description générale du droit positif d'un « point de vue externe » ne peut observer. Je pense ici aux valeurs, aux idéaux, aux objectifs, aux principes relatifs au juste et au bien, conventionnels ou pas, qui donnent au droit sa force normative et son intelligibilité. Ces choses, si elles existent, pourraient rendre compte de la nature profonde ou interne de l'interprétation des textes de loi litigieux.[150] Ainsi, plutôt que d'expliquer les désaccords interprétatifs par le fait qu'il n'y a *rien* en droit qui puisse déterminer les bonnes interprétations – les interprétations étant en quelque sorte le fruit du hasard selon « qui » a le pouvoir de décider – on pourrait peut-être les expliquer par l'existence de choses inobservables empiriquement (valeurs, idéaux, objectifs, principes relatifs au juste et au bien). Ces choses pourraient alors constituer les « gênes » de l'interprétation juridique.

La difficulté est qu'on ne peut le savoir sans une méthode adéquate permettant de rendre compte de ces choses, s'il en est. Cette méthode consisterait, notamment, à poser l'hypothèse qu'elles existent, c'est-à-dire, à les postuler afin de voir si elles peuvent expliquer adéquatement les diverses interprétations proposées dans des cas concrets. Certes, il ne suffirait pas de nommer les choses : il faudrait décrire leurs propriétés constitutives du mieux possible. Par exemple, si l'on postulait que le fondement décisif d'une

---

[150] Ils sont nombreux les juristes et les théoriciens du droit qui l'ont cru à travers l'histoire, au moins depuis Cicéron, voire depuis Sophocle, *Antigone*. Pour des exemples contemporains majeurs, on peut penser à Lon Fuller, *The Morality of Law*, New Haven, Yale University Press, 1969 (le droit aurait un « but » par nature établissant les critères de légalité et ce but serait « intrinsèquement » moral) ; John Finnis, *Natural Law and Natural Rights*, Oxford, Clarendon Press, 1982 (le droit aurait un « but » par nature qui est de permettre aux personnes de jouir des biens humains objectifs) ; Ronald Dworkin, *Law's Empire*, Cambridge, Belknap Press, 1986 (le droit est un concept interprétatif dont la raison d'être, la valeur ou le but fondamental est de guider et contraindre l'usage de la force par le gouvernement, sauf lorsque c'est requis par les droits et les responsabilités individuelles qui découlent des décisions politiques antérieures). Voir, à ce sujet : Luc B. Tremblay, « Le positivisme juridique versus l'herméneutique juridique », (2012) 46 *R.J.T.* 249 ; Luc B. Tremblay, « Le normatif et le descriptif en théorie du droit », (2002) 33 *R.D.U.S.* 70.

bonne interprétation était une forme de convention sur le juste et le bien, il faudrait donner à ces notions un sens suffisamment précis pour expliquer les désaccords et établir les conditions ou critères procéduraux ou substantiels d'une bonne interprétation. Certes, on ne pourrait pas définir ces choses comme on définit des choses observables. Mais on pourrait les définir indirectement à partir de ce qui est observable, notamment à partir des arguments et des postulats que les juristes consciencieux (ou autres) avancent pour montrer que telle ou telle interprétation est «bonne» ou «correcte» dans des cas concrets. Je reviens sur ce point au dernier chapitre.

3. Les faits dépendent des théories qui les décrivent

Je voudrais maintenant avancer une considération plus importante à laquelle j'ai déjà fait allusion: les «faits» que nous décrivons, même les plus simples, dépendent toujours des théories que nous utilisons pour les décrire ou, pour le dire autrement, d'une «interprétation théorique» de ce qui est perçu ou expérimenté. Ainsi, les propositions empiriques décrivant ce qui «est» dépendent autant de théories que les théories dépendent de ce qui est observable. Les deux sont étroitement liés, d'où l'expression: «observation is theory-laden».[151] Cette considération réfute l'épistémologie positiviste: elle rompt avec le fondationnalisme et participe d'une épistémologie «cohérentiste».[152] En vertu de cette conception, la justification de toute croyance dépend de son soutien probant provenant d'autres croyances par le biais d'une relation de cohérence explicative ou logique.

1.

L'observation d'un «fait» procède toujours de ce que nous savons déjà à propos d'états de choses au-delà de la chose observée. Par exemple, si je vois une chose que je décris comme un «cheval de course», et non pas comme un cheval de trait, une vache ou un arbre, ma description présuppose nécessairement d'autres croyances à propos du monde, telles que les classes d'animaux, la possibilité de les domestiquer, le sport hippique, les entrainements, la race de l'animal, etc. Ces autres croyances constituent des «théories» à propos du monde. Sans elles, l'observation d'un cheval de

---

[151] Voir: Norwood Russell Hanson, *Patterns of Discovery*, Cambridge University Press, 1958.

[152] J'ai examiné cette thèse dans: Tremblay, «La norme de retenue judiciaire», supra note 1.

course serait impossible. De plus, pour croire que ce que je vois est vraiment un cheval de course, je dois logiquement supposer que ces autres théories sont correctes ou vraies. Plus fondamentalement, l'observation elle-même est tributaire de théories, notamment en ce qui concerne sa fiabilité.[153] Pour ce motif, les énoncés empiriques ne sont jamais complètement déterminés par les preuves empiriques de la chose observée; ils sont, comme le disent les scientifiques, « sous-déterminés ».

Puisque les énoncés empiriques et les énoncés théoriques dépendent les uns des autres, il n'existe pas de critère objectif dans le monde permettant de distinguer rationnellement ce qui relève spécifiquement de l'observation (les « faits ») de ce qui relève spécifiquement des théories. Il s'ensuit qu'il n'y a pas de croyances empiriques fondationnelles dont le statut de connaissance serait indépendant de toutes relations (déductive, inductive) à d'autres connaissances et, de ce fait, de croyances dont le statut de connaissance dérive logiquement de telles croyances fondationnelles. Les théories scientifiques ne peuvent donc pas avoir de fondement purement empirique. Cela ne signifie pas qu'elles ne doivent pas posséder quelque rapport ou quelque lien avec la réalité empirique qu'elles sont censées décrire. Mais cela signifie qu'il n'y a pas d'observation ni d'expérience capable de fonder une connaissance sans théorie. Ceux qui le croient sont victimes de ce que le philosophe William Sellars avait nommé le « myth of the given ».[154] Ils confondent l'observation ou l'expérience et le jugement que l'on pose à partir de cette expérience pour le décrire – car même si l'expérience de voir un cheval pouvait être vécue indépendamment de toute autre expérience, le *jugement* que ce que je vois est un cheval ne peut être posé sans théorie.

2.

Ce qui précède fragilise, réfute même, la doctrine du positivisme juridique dans la mesure où l'on ne saurait justifier une théorie du droit sur la

---

[153] Par exemple : lorsque Galilée observait à l'aide d'un télescope des montagnes sur la lune, il présupposait la vérité d'une théorie de l'optique selon laquelle l'observation par télescope est aussi fiable dans l'espace que sur terre. Mais cette théorie elle-même n'était pas fondée sur des preuves empiriques.

[154] Voir : William Sellars, « Empiricism and the Philosophy of Mind », dans Herbert Feigl et Michael Scriven (dir.) *Minnesota Studies in the Philosophy of Science*, vol. 1, 1956, à la p. 253, La pensée de Sellars est complexe. Voir l'étude éclairante de Aude Bandini, *Wilfrid Sellars et le Mythe du Donné*, Paris, Presses Universitaires de France, 2012.

base de croyances empiriques fondationnelles. Ce que l'on décrit comme « fondement » factuel et empirique du droit (disons la règle de reconnaissance) dépendrait nécessairement de croyances à propos d'états de choses au-delà de ce qui est observé et ces croyances contribueraient à justifier la représentation qu'on en fait. La théorie du droit ne serait donc pas une simple « copie » de la réalité juridique ; sa justification dépendrait du soutien que lui procureraient d'autres théories à propos du monde en termes de cohérence explicative ou logique.

Pour le même motif, la description du contenu normatif d'un texte de loi litigieux (de son sens) ne serait pas fonction de données factuelles fondationnelles établies par le langage ou les intentions, mais fonction d'autres croyances à propos du monde qui la justifieraient d'une manière cohérente – notamment pour le motif que le contenu qu'elle décrit serait mieux soutenu ou expliqué par le système de croyances qui présente la meilleure explication du monde que tout autre contenu plausible.

3.

Cette conséquence pose toutefois une difficulté. En réfutant le postulat fondationnaliste de l'épistémologie positiviste, il semblerait que l'on soit conduit au subjectivisme et au relativisme et, par conséquent, à la théorie du pluralisme interprétatif par un autre chemin. En effet, elle implique que chacun pourrait observer le monde extérieur selon les termes de leurs croyances déjà admises et qu'il n'existerait aucun standard ou critère objectif indépendant et supérieur dans le monde permettant d'évaluer lesquels, parmi leurs énoncés contradictoires, sont vrais ou faux. Les propositions descriptives de chacun seraient valides, mais uniquement à *l'intérieur* de leur propre cadre conceptuel et interprétation théorique, conformément à leurs propres termes, prémisses ou principes. L'exemple paradigmatique en science demeure l'observation du soleil par Ptolémée et Copernic : le premier le voyait se déplacer à l'horizon, le second le voyait bouger en raison de la rotation de la Terre sur elle-même. Les deux scientifiques ne « voyaient » donc pas la même chose, bien que les deux points de vue fussent légitimes à l'intérieur de leur propre cosmologie. Certains pourraient dire que le terme « soleil » possédait alors deux sens contradictoires selon la théorie choisie.[155]

---

[155] Voir : Hanson, supra note 151, Voir aussi : Kuhn, supra note 56.

La nature du droit, de même que la bonne interprétation d'un texte litigieux pourraient donc, elles aussi, être relatives aux cadres conceptuels utilisés pour les décrire et, conséquemment, aux individus qui les acceptent, sans qu'il puisse exister quelque standard ou critère objectif indépendant et supérieur dans le monde, notamment le monde du droit, permettant d'évaluer quelle description est vraie, s'il en est une. La source des désaccords entre théoriciens et juristes pourrait donc résider dans leurs croyances déjà admises, et non pas dans les erreurs commises dans les processus d'observation, dans de mauvaises données ou dans le fait que diverses théories décrivant les mêmes données sont également valables. Il s'ensuivrait, comme l'écrivait Morissette, que l'interprétation juridique serait « foncièrement et irréductiblement doxastique ».

Cette difficulté nous ramène à cette question : n'existe-t-il pas un espace pour la vérité et la connaissance entre la vérité absolue de nos croyances à propos du monde extérieur et le relativisme des opinions subjectives ? La réponse, je le soumets, est affirmative et je l'illustrerai à la prochaine section en référant aux travaux du philosophe Hilary Putnam.

4. Hilary Putnam

Dans cette section, j'entends montrer qu'il existe une troisième voie pour la connaissance et la vérité entre la voie du fondationnalisme et du positivisme, d'une part, et la voie du relativisme et du subjectivisme, d'autre part ; entre la certitude absolue et le vérifiable, d'une part, et l'opinion et le pouvoir, d'autre part. Cette voie participe du « raisonnable » tracé par Morissette. Mais elle le raffine. Elle postule que des jugements raisonnables peuvent, à certaines conditions, relever du vrai et du faux. Pour en discuter, je référerai aux thèses du philosophe américain Hilary Putnam. Pourquoi Putnam ? Simplement parce que Morissette s'est explicitement appuyé sur ses travaux pour justifier la « vérité » du scepticisme épistémologique qui sous-tend la théorie du pluralisme interprétatif.[156]

Morissette s'accorde avec Putnam sur plusieurs thèses fondamentales. La difficulté est qu'il s'arrête en chemin. Bien entendu, nul n'est tenu de suivre Putnam jusqu'au bout. Mais puisque ce dernier a soutenu que l'absence de certitude absolue et de vérifiabilité ne faisait pas obstacle à la vérité et à l'objectivité possibles de nos croyances, tant à l'égard des juge-

---

[156] Voir : supra le texte accompagnant les notes 135 à 140. Voir aussi : Morissette, « Rétrospective », supra note 24, 23-24.

ments descriptifs et explicatifs que des jugements évaluatifs et normatifs, il est pertinent d'examiner pourquoi. Cela est d'autant plus pertinent que les thèses de Putnam ont d'importantes affinités avec celles de Ronald Dworkin que Morissette, on le sait, rejette explicitement.[157]

1.

Putnam s'est intéressé aux notions de vérité et d'objectivité dans les rapports que nos expériences, nos théories et le langage entretiennent avec le monde empirique. Dans la première partie de sa carrière, Putnam participait de la philosophie analytique dont les postulats sous-tendaient le positivisme, notamment le positivisme logique. Ces postulats étaient ceux du « réalisme scientifique » (ou « métaphysique ») : la vérité était conçue comme une affaire de « correspondance » entre les énoncés et un monde extérieur qui consiste en « some fixed totality of mind-independent objects » dont il ne peut exister qu'une seule vraie description complète. Vers le milieu des années 1970, il a rompu avec cette doctrine.[158]

Le problème, tel qu'il le concevait désormais, découlait de diverses dichotomies qui pesaient sur la pensée, dont la plus fondamentale opposait les conceptions objectives et subjectives de la vérité et de la raison. Dans son important ouvrage publié en 1981, *Reason, Truth and History*, il le décrivait ainsi :

> Many, perhaps most, philosophers hold some version of the 'copy' theory of truth today, the conception according to which a statement is true just in case it 'corresponds to the (mind independent) facts'; and the philosophers in this faction see the only alternative as the denial of the objectivity of truth and a capitulation to the idea that all schemes of thought and all points of view are hopelessly subjective. Inevitably a bold minority (Kuhn, in some of his moods at least; Feyerabend, and such distinguished continental philosophers as Foucault) range themselves under the opposite label. They *agree* that the alternative to a naive copy conception of truth is to see systems of thought, ideologies, even (in the case of Kuhn and Feyerabend) scientific theories, as subjective, and they proceed to *put forward* a relativist and subjective view with vigor.[159]

---

[157] Voir: Dworkin, supra note 150.
[158] Voir: Putnam, supra note 56.
[159] Putnam, supra note 56, p. ix.

Cette dichotomie, croyait-il, paralysait la réflexion et il voulut examiner ses fondements. Ses conclusions réfutèrent le « réalisme scientifique » (ou « métaphysique »), sans pour autant sombrer dans la doctrine de « l'irréalisme subjectiviste » selon laquelle il n'existe aucun standard objectif de vérité et de rationalité en dehors de nos cadres conceptuels de sorte que tous les cadres conceptuels se valent.[160] Selon Putnam, il existe une troisième voie entre ces deux positions, une voie « which unites objective and subjective components ».[161] C'est ce qu'il nomme le *réalisme interne*.[162] Cette perspective est une forme de *pragmatisme*. Elle est complexe en elle-même et elle a été continuellement ajustée et raffinée. Je voudrais toutefois souligner trois aspects.

2.

Le premier aspect du réalisme interne procède des théories de la vérité-cohérence.[163] La perspective est *interne* en ce que la question « de quelles entités est fait le monde ? » n'a de sens qu'à l'intérieur d'une théorie ou d'une description donnée du monde :[164] « 'Objects' do not exist independently of conceptual schemes. *We* cut up the world into objects when we introduce one or another scheme of description. Since the objects *and* the signs are alike *internal* to the scheme of description, it is possible to say what matches

---

[160] *Id.*, p. 54.

[161] *Id.*, p. x.

[162] *Id.*

[163] La notion de « vérité-cohérence » représente à la fois une *définition* de la vérité et un *critère* qui permet de la reconnaître. En tant que définition, elle indique ce en quoi consiste la vérité, c'est-à-dire, la propriété que possèdent les croyances qui sont en accord avec la réalité. Contrairement aux théories de la vérité-correspondance qui définit cette propriété comme une forme d'accord ou de « copie » entre la croyance et le fait extérieur, la vérité-cohérence la définit comme une interconnexion cohérente d'une croyance avec un système de croyances admis comme vrai ou établi. En tant que critère de vérité, elle indique qu'une croyance peut être tenue pour vraie si elle s'inscrit dans un ensemble ou un système cohérent de croyances admis comme vrai ou établi. En tant que critère, la vérité-cohérence propose une forme de vérifiabilité « holistique » en plus ou en lieu de la vérifiabilité par l'expérience. Pour diverses versions, voir : Brand Blanchard, *The Nature of Thought*, Londres, G. Allen & Unwin Ltd., 1948 ; Goodman, supra note 56 ; Willard V.O. Quine, « Two Dogmas of Empirism », dans *From a Logical Point of View*, 2ᵉ éd. rév., Cambridge, Harvard University Press, 1961, chap. 2. Pour une introduction, voir : Tremblay, « La norme de retenue judiciaire », supra note 1.

[164] Putnam, supra note 56, p. 49.

what. »[165] La perspective est tout de même *réaliste*, car le monde est une réalité indépendante de la pensée et il faut en tenir compte dans la théorie descriptive. La théorie ou la description du monde ne se réduit donc pas à de simples jeux de langage : « there are experiential *inputs* to knowledge ».[166] Ainsi, le réalisme interne unit des éléments objectifs et subjectifs : l'esprit humain et le monde construisent ensemble l'esprit humain et le monde.

Il s'ensuit que les notions de *vérité*, de *fait* et de *rationalité* sont étroitement liées :

> 'Truth', in an internalist view, is some sort of (idealized) rational acceptability – some sort of ideal coherence of our beliefs with each other and with our experiences *as those experiences are themselves represented in our belief system* – and not correspondence with mind-independent or discourse-independent 'states of affairs'. There is no God's Eye point of view that we can know or usefully imagine.[167]
>
> ...
>
> A fact is something that it is rational to believe, or, more precisely, the notion of a fact (or a true statement) is an idealization of the notion of a statement that it is rational to believe. 'Rationally acceptable' and 'true' are notions that take in each other's wash.[168]

Cela ne vaut pas uniquement pour les faits que décrivent les propositions scientifiques qui relèvent de la physique ou de la biologie. Cela vaut aussi pour les faits qui relèvent des propositions évaluatives et normatives : « thus if it can be rational to accept that a picture is beautiful, then it can be a fact that the picture is beautiful. There can be value facts on this conception ».[169]

Ce qui rend une théorie ou une description rationnellement acceptable est donc en grande partie une affaire de cohérence et d'adéquation : « coherence of 'theoretical' or less experiential beliefs with one another and with more experiential beliefs, and also coherence of experiential beliefs with theoretical beliefs ».[170] La vérification est « holistique ».[171]

---

[165] *Id.*, p. 52.
[166] *Id.*, p. 54.
[167] *Id.*, p. 49-50.
[168] *Id.*, p. 202.
[169] *Id.*, p. x.
[170] *Id.*, p. 55.
[171] *Id.*, p. 133.

Cela dit, la vérité et le rationnellement acceptable sont deux notions distinctes. La vérité est une propriété des propositions « that cannot be lost », alors que la justification « can be lost ».[172] Un énoncé peut être rationnellement acceptable à un moment donné et être faux. Par exemple, il y a 3000 ans, il pouvait être rationnellement justifié de croire que la Terre était plate. Mais la croyance était erronée; soutenir qu'elle était « vraie » – en raison de son caractère rationnellement acceptable – signifierait que la Terre a changé de forme depuis que la croyance est devenue rationnellement inacceptable. C'est pourquoi Putnam soutient que la vérité est une « *idealization* of rational acceptability ».[173] Un énoncé est vrai s'il peut être justifié dans des conditions épistémiquement idéales.[174]

Cependant, il importe de souligner que cette conception de la vérité demeure une forme de « réalisme », car il existe un fait (*a fact of the matter*) quant à ce que serait le verdict si les conditions étaient suffisamment bonnes, un verdict vers lequel l'opinion « convergerait » si nous étions raisonnables.[175] Mais c'est une forme humaine de réalisme: une croyance « that there is a fact of the matter as to what is rightly assertible for us, as opposed to what is rightly assertible from the God's eye view so dear to the classical metaphysical realist ».[176]

Selon Putnam, nos conceptions de la cohérence et de l'acceptable ne sont pas purement abstraites et neutres; elles dépendent de la biologie et de la culture: « they are by no means 'value free'. But they *are* our conceptions, and they are conceptions of something real. They define a kind of objectivity, *objectivity for us,* even if it is not the metaphysical objectivity of the God's Eye view. Objectivity and rationality humanly speaking are what we have; they are better than nothing ».[177] De même, la rationalité ne peut pas être définie par un ensemble fixe de principes méthodologiques, quels

---

[172] *Id.*, p. 55.

[173] *Id.*, p. 55.

[174] *Id.*, p. 55-56. « [The] two key ideas of the idealization theory of truth are (1) that truth is independent of justification here and now, but not independent of *all* justification. To claim a statement is true is to claim it could be justified. (2) truth is expected to be stable or 'convergent'; if both a statement and its negation could be 'justified', even if conditions were as ideal as one could hope to make them, there is no sense in thinking of the statement as *having* a truth-value. » *Id.*, p. 56.

[175] Hilary Putnam, *Philosophical Papers*, vol. 3 « Realism and Reason », Cambridge University Press, 1983, p. xviii.

[176] *Id.*

[177] Voir: Putnam, supra note 56, p. 55.

qu'ils soient (logiques, formels, positivistes), car il n'existe pas de « méthode » anhistorique.[178] Une méthode, soutient-il, est toujours liée à notre vision du monde, « including our view of ourselves as part of the world, and change with time ».[179]

On pourrait donc croire que cela conduit au nihilisme, au subjectivisme ou au conventionnalisme. Mais ce n'est pas la conclusion de Putnam. Il ne croit pas que :

> from the fact that our conceptions of reason evolve in history, that reason itself can be (or evolve into) *anything*, nor do I end up in some fancy mixture of cultural relativism and 'structuralism' like the French philosophers. The dichotomy: either ahistorical unchanging canons of rationality *or* cultural relativism is a dichotomy that I regard as outdated.[180]

D'où la troisième voie entre le réalisme métaphysique ou scientifique, d'une part, le nihilisme, le subjectivisme et le relativisme, d'autre part. Cette voie ne liquide pas la notion de vérité et la possibilité d'une connaissance objective. Au contraire. Elle leur ouvre explicitement un espace et cet espace se situe au cœur même du champ où Morissette situe le raisonnable et le déraisonnable.

3.

Si l'analyse s'arrêtait là, il faudrait conclure que des cadres conceptuels incompatibles également cohérents pourraient rendre compte (expliquer, justifier) des mêmes croyances expérientielles et, par conséquent, être également rationnellement acceptables et vrais. Mais Putnam ne s'arrête pas là et cela nous conduit au second aspect du réalisme interne. Selon lui, la construction de nos cadres conceptuels (théories ou descriptions du monde) relève fondamentalement de l'éthique : la connaissance, la vérité et la rationalité dépendent de notre théorie du bien. L'idée est la suivante.

Le but de la science, selon lui, n'est pas de copier la réalité, mais de donner un contenu matériel conformément aux critères de l'acceptabilité rationnelle. Pour ce motif, la vérité n'est pas le facteur décisif : « truth itself gets its life from our criteria of rational acceptability ».[181] Or, ce qui est rationnel

---

[178] *Id.*, particulièrement les chapitres 5-8.
[179] *Id.*, p. x.
[180] *Id.*
[181] *Id.*, p. 130.

d'accepter, quel que soit le contexte, dépend de valeurs : « [if] 'rationality' is an ability ... which enables the possessor to determine what *questions are* relevant questions to ask and what *answers* it is warranted to accept, then ... it needs no argument *that such* a conception of rationality is ... value loaded ».[182] Elle participe de notre idée du bien, c'est-à-dire, de notre conception de l'épanouissement humain :

> The position I have defended is that any choice of a conceptual scheme presupposes values, and the choice of a scheme for describing ordinary interpersonal relations and social facts, not to mention thinking about one's own life plan, involves, among other things, one's *moral* values. One cannot choose a scheme which simply 'copies' the facts, because *no* conceptual scheme is a mere 'copy' of the world. The notion of truth itself depends for its content on our standards of rational acceptability, and these in turn rest on and presuppose our values. Put schematically and too briefly, I am saying that theory of truth presupposes theory of rationality which in turn presupposes our theory of the good.[183]

Quelles sont les valeurs implicites qui animent les sciences ? La réponse dépend de ce que les scientifiques et les gens ordinaires considèrent eux-mêmes rationnel d'accepter : « what we are trying to do in science is to construct a representation of the world which has the characteristics of being instrumentally efficacious, coherent, comprehensive, and functionally simple ».[184] Pourquoi en est-il ainsi ? Parce que, répond-il, « having this sort of representation system is *part of our idea of human cognitive flourishing, and hence part of our idea of total human flourishing, of Eudaemonia* ».[185]

> [The] empirical world ... depends upon our criteria of rational acceptability (and, of course, vice versa). We use our criteria of rational acceptability to build up a theoretical picture of the 'empirical world' and then as that picture develops we revise our very criteria of rational acceptability in the light of that picture and so on and so on forever. ... What I am saying is that we must have criteria of rational acceptability to even have an empirical world, that these reveal part of our notion of an optimal speculative intelligence. In short, I am saying that the 'real world' depends upon our values (and, again, vice versa).[186]

---

[182] *Id.*, p. 202.
[183] *Id.*, p. 215.
[184] *Id.*, p. 134.
[185] *Id.*
[186] *Id.*

Pour ces motifs, les théories scientifiques et les descriptions du monde sont à la fois descriptives et évaluatives: « every fact is value loaded and every one of our values loads some fact ».[187] La distinction positiviste radicale entre les faits et les valeurs ou entre la connaissance véritable et l'éthique est donc mal fondée.[188] Les choix éthiques sont à la base de notre existence, même lorsque l'on se consacre à des activités cognitives.

Cela, selon Putnam, se vérifie tous les jours dans nos actions et dans nos assertions les plus banales. Les énoncés les plus neutres en apparence, tel que « le chat est sur le tapis », réfèrent toujours à un contexte culturel, social et linguistique dont les notions apparemment neutres dérivent d'intérêts et de valeurs morales: « [we] have the category 'cat' because we regard the division of the world into *animals* and *non-animals* as significant, and we are further interested in what *species* a given animal belongs to. It is *relevant* that there is a *cat* on that mat and not just a *thing*. We have the category 'mat' because we regard the division of inanimate things into *artifacts* and *non-artifacts* as significant, and we are further interested in the *purpose* and *nature* a particular artifact has. It is relevant that it is a *mat* that the cat is on and not just a *something* ».[189] Autrement, les énoncés apparemment neutres, tels que « le chat est sur le tapis », seraient tout aussi irrationnels que « 'the number of hexagonal objects in this room is *76'* would be, uttered in the middle of a tete-a-tete between young lovers ».[190] Sans jugement de valeur, sans jugement ultime sur le bien, nous ne pourrions ni agir ni parler; nous ne disposerions non plus d'aucun fait.

4.

Le troisième aspect concerne l'objectivité des valeurs. Selon Putnam, au moins certains termes évaluatifs sont objectifs, car ils décrivent les propriétés des théories auxquelles ils sont appliqués et non pas les sentiments ou les attitudes subjectives de ceux qui les utilisent. Il en va ainsi des termes décrivant l'acceptabilité rationnelle, tels que « cohérence » et « simplicité fonctionnelle », « justifié », « bien confirmé », « la meilleure des explications disponibles », etc. Certes, nos conceptions de ces termes peuvent être controversées. Cependant « [if] there is no conception of rationality one

---

[187] *Id.*, p. 201.
[188] *Id.*, chap. 6 et p. 174 et suiv.
[189] *Id.*, p. 201-202.
[190] *Id.*, p. 202.

objectively *ought* to have, then the notion of a 'fact' is empty. Without the cognitive values of coherence, simplicity, and instrumental efficacy we have no world and no 'facts' ».[191]

Il en est de même des valeurs éthiques : au moins certaines d'entre elles sont objectives. Selon Putnam, le subjectivisme éthique résulte à la fois d'un scepticisme à l'égard des « axiomes éthiques » et d'un engagement envers les versions « physicaliste » ou « naturaliste » du réalisme métaphysique selon lesquelles la vérité est une question de correspondance entre la pensée et des faits « physiques ».[192] En effet, ces deux considérations impliquent logiquement que les discours objectivistes à propos du juste et du bien sont *unscientific* et, conséquemment, doivent être rejetés. Mais, demande-t-il, qu'est-ce que le mot « unscientific » peut signifier dans ce contexte ? Après tout, il n'y a pas de conflit entre l'éthique et la physique, contrairement à ce que le terme « unscientific » laisse entendre.

> A belief that there is such a thing as justice is not a belief in ghosts, nor is a 'sense of justice' a para-normal sense which enables us to perceive such ghosts. Justice is not something anyone proposes to add to the list of objects recognized by physics as eighteenth-century chemists proposed to add 'phlogiston' to the list of objects recognized by chemical theory... [It] is simply that 'just' and 'good' and 'sense of justice' are concepts in a discourse which is not reducible to physical discourse. ... Talk of 'justice', like talk of 'reference', can be non-scientific without being unscientific.[193]

Un espace est donc ouvert pour l'objectivité et la connaissance des notions éthiques. Le critère de vérité demeure l'acceptabilité rationnelle : « it is necessary to have standards of rational acceptability in order to have a world at all ; either a world of 'empirical facts' or a world of 'value facts' (a world in which there is beauty and tragedy) ».[194]

Les jugements éthiques ne sont toutefois jamais définitifs. Puisque la théorie du bien dépend de présuppositions à propos de la nature humaine, la société, l'univers, incluant les suppositions théologique et métaphysique, « [we] have had to revise our theory of the good (such as it is) again and again as our knowledge has increased and our world-view has changed ».[195]

---

[191] *Id.*, p. 136.
[192] *Id.*, p. 142-43.
[193] *Id.*, p. 145.
[194] *Id.*, p. 147.
[195] *Id.*, p. 215.

Il n'y a pas de fondation au sens du fondationnalisme. Nous ne pouvons espérer produire « a more rational *conception* of rationality or a better *conception* of morality [*only*] if we operate from *within* our tradition (with its echoes of the Greek agora, of Newton, and so on, in the case of rationality, and with its echoes of scripture, of the philosophers, of the democratic revolutions, and so on, in the case of morality); but this is not at all to say that all is entirely reasonable and well with the conceptions we now have. »[196]

> Using any word – whether the word be 'good', or 'conscious', or 'red', or 'magnetic' – involves one in a history, a tradition of observation, generalization, practice and theory. It also involves one in the activity of interpreting that tradition, and of adapting it to new contexts, extending and criticizing it. One can interpret traditions variously, but one cannot apply a word at all if one places oneself entirely outside of the tradition to which it belongs. And standing inside a tradition certainly affects what one counts as 'rational acceptability'.[197]

Le réalisme interne nous invite ainsi à nous engager dans un « dialogue authentiquement humain » qui combine la collectivité et la responsabilité individuelle. Cependant, contrairement aux nihilistes, aux subjectivistes et aux relativistes qui croient qu'il n'y a rien de plus que le dialogue, Putnam soutient que le dialogue pourrait avoir « an ideal terminus » :[198] « [the] very fact that we speak of our different conceptions as different conceptions of *rationality* posits a *Grenzbegriff*, a limit-concept of the ideal truth. »[199]

5. Conclusion

Dans ce chapitre, j'ai voulu montrer que la doctrine positiviste ne s'imposait ni d'un point de vue méthodologique ni d'un point de vue épistémologique. La philosophie des sciences tend plutôt à relâcher les critères de vérité et de connaissance au point de réfuter cette doctrine : un observateur ne peut ni connaître ni décrire le monde empirique tel qu'il est sans l'interposition d'un cadre conceptuel ou d'une interprétation théorique ; il n'existe donc pas de croyance empirique fondationnelle.

---

[196] *Id.*, p. 216.
[197] *Id.*, p. 203.
[198] *Id.*, p. 216.
[199] *Id.*

Je me suis arrêté aux thèses d'Hilary Putnam, non pas parce qu'elles constituent les seules valables (elles participent d'un courant très influent en philosophie contemporaine), mais parce que Morissette y a référé pour justifier le scepticisme épistémologique auquel participe la théorie du pluralisme interprétatif. J'ai voulu montrer que cette doctrine ne réfutait pas nécessairement l'existence d'une troisième voie pour la connaissance et la vérité entre la certitude absolue et la vérifiabilité empirique, d'une part, et l'opinion subjective et le relativisme, d'autre part. Cette voie est celle de «l'acceptabilité rationnelle» ou de quelque chose de ce genre. Elle participe du «raisonnable», mais elle le raffine : alors que le raisonnable peut admettre une pluralité de croyances contradictoires et incompatibles à propos d'une même chose, l'acceptabilité rationnelle cherche celle dont la justification cohérentiste est la plus solide, compte tenu de considérations d'ordre éthique découlant de ce qui est rationnel d'accepter comme «bien humain». Elle ne nie pas l'existence des faits, elle explique de quelle manière les «faits» pèsent sur les théories qui les décrivent et de quelle manière nos jugements de faits peuvent être vrais, tant en physique, en morale qu'en art. Pour ma part, j'ajouterais aussi «en droit».

1.

La question qui se pose maintenant est de savoir si ces considérations réfutent la théorie positiviste du droit et, corrélativement, la théorie du pluralisme interprétatif ? De prime abord, la réponse semble affirmative, car nulle représentation du *droit* ne pourrait se fonder sur des croyances fondationnelles correspondant à un fait ou à un ensemble de faits observables et vérifiables empiriquement dans le monde que tout chercheur consciencieux pourrait décrire tel quel, dans toute sa «pureté», sans inférence, sans cadre conceptuel ni interprétation, à la condition d'utiliser la bonne méthode scientifique (qu'elle tienne compte ou non du «point de vue interne» des acteurs). Elle devrait dépendre de ce qui est rationnel d'accepter, compte tenu de tout ce que l'on sait par ailleurs, incluant les valeurs éthiques pertinentes. S'il était rationnel d'accepter que le droit ne soit qu'un ensemble conventionnel de règles valides dont «le seul but est de guider et de critiquer la conduite humaine», comme le soutenait Hart, alors ce serait un fait que le droit n'est que cela. S'il était rationnel d'accepter que le droit ne soit qu'un instrument au service du pouvoir en place, alors ce serait un fait que le droit n'est que cet instrument. S'il était rationnel d'accepter que le droit soit un ensemble de règles dont le but est de résoudre les problèmes de coordination sociale conformément au bien commun, alors ce serait un fait que la nature du droit est fonction du bien commun (ou de ce qui est rationnel d'accepter comme bien commun). Etc.

De même, le *sens* d'un texte de loi litigieux ne pourrait pas se fonder uniquement sur une ou plusieurs croyances correspondant à un fait observable et vérifiable empiriquement dans le monde qu'un interprète consciencieux pourrait découvrir et décrire tel qu'il est, sans inférence, ni cadre conceptuel, ni interprétation, à la condition d'utiliser la bonne méthode. Le sens dépendrait de ce qui est rationnel d'accepter dans les circonstances. S'il était rationnel d'accepter que le sens corresponde formellement à la définition du dictionnaire ou à l'intention subjective de l'auteur, alors ce serait un fait que le sens du texte est celui du dictionnaire ou celui fixé par l'intention subjective de l'auteur. S'il était rationnel d'accepter que ce soit celui qui permet de réaliser du mieux possible le but ou quelque autre valeur (l'ordre, la démocratie, le juste, le bien, le bien commun, etc.), alors ce serait un fait que le sens est celui qui permet de le mieux réaliser. Etc. Cette approche réfuterait la théorie du pluralisme interprétatif, à moins de pouvoir montrer qu'il est rationnel d'accepter qu'un texte litigieux n'ait pas de sens dès lors qu'il est litigieux.

2.

On pourrait avancer deux objections à ces conclusions. Premièrement, on pourrait soutenir que, dans certains contextes, une pluralité de croyances (ou théories) incompatibles à propos d'une même chose peut être «rationnellement acceptable» et, conséquemment, légitime. Je suis d'accord. Il y a effectivement des contextes dans lesquels le *pluralisme* est légitime précisément pour le motif que c'est ce qui est rationnel d'accepter. Par exemple, la coexistence d'une pluralité de croyances religieuses ou morales incompatibles est rationnellement acceptable dans le cadre d'une société libre et démocratique pour toutes sortes de bonnes raisons, bien qu'elle ne le soit pas dans certains cas limites (violence, sacrifice humain, etc.). Le pluralisme théorique peut aussi être rationnellement acceptable à l'égard d'interprétations scientifiques de certaines observations, bien qu'il ne puisse pas l'être à l'égard du *fait* qu'un vaccin utilisé contre un virus particulier est ou n'est pas efficace (ou bien il l'est ou bien il ne l'est pas ; il n'y a pas de place pour une pluralité de faits alternatifs).

De même, en droit, il peut être rationnel d'accepter, dans certains contextes, la coexistence et la validité de deux ou plusieurs interprétations raisonnables incompatibles d'un même texte de loi litigieux. Plusieurs soutiennent, par exemple, que ce l'est au Canada aux fins du droit administratif et, en cela, que la norme de la décision raisonnable imposée aux cours de révision est rationnellement acceptable.[200]

Cependant, la question que soulève ce chapitre n'est pas de savoir si, dans certains contextes, il est rationnel d'accepter une pluralité d'interprétations raisonnables incompatibles d'un même texte de loi. Elle est de savoir si la *théorie* du pluralisme interprétatif elle-même est rationnellement acceptable. Or, la réponse à cette question dépend de ses fondements, notamment de la théorie du droit sur laquelle elle est fondée, en l'occurrence, la théorie positiviste avancée par Hart. D'où la seconde objection: on pourrait soutenir que le critère d'acceptabilité rationnelle (celui de Putnam ou quelque autre du même genre) *justifie* la prétention à la vérité de la théorie du droit proposée par Hart et, par voie de conséquence, la théorie du pluralisme interprétatif, bien que ce soit par un chemin autre que celui de la doctrine positiviste. Le critère de vérité fondé sur le rationnellement acceptable ne changerait donc rien à la théorie du pluralisme interprétatif avancée par Morissette. Au prochain chapitre, j'examine la force de cette objection.

---

[200] Voir: supra le texte accompagnant les notes 47 à 52. Par exemple: Tremblay, «La norme de retenue judiciaire», supra note 1; Morissette, «Rétrospective» et Reasonable Decision», supra note 24. Pour ma part, j'ajouterais qu'il peut être rationnel d'accepter la validité de deux ou plusieurs interprétations raisonnables incompatibles d'un même texte de loi garantissant certains droits fondamentaux (disons la liberté de religion: selon les uns et les autres, elle peut comprendre ou exclure le droit au divorce, le droit à l'avortement, le droit aux conjoints de même sexe de se marier, le droit de refuser de se faire vacciner, etc.). Voir à ce sujet: Tremblay, supra note 141.

Chapitre V
Les limites de la théorie du droit de Hart

Selon l'objection soulevée à la fin du chapitre précédent, la représentation du droit positif et du langage proposée par Hart satisferait au critère d'acceptabilité rationnelle. Pour ce motif, la théorie du pluralisme interprétatif serait bien fondée, bien que ce soit pour des raisons distinctes de celles fournies par la doctrine philosophique positiviste.

Pour les fins de cette discussion, j'entends par « acceptabilité rationnelle » quelque chose de semblable à ce que Putnam entendait, c'est-à-dire, une conception de la vérité étroitement liée à la cohérence de nos croyances à propos des choses, incluant nos croyances expérientielles, théoriques et normatives. Le critère permettant de distinguer la connaissance de l'opinion n'est donc pas la certitude absolue ni la vérifiabilité empirique, comme le soutient la doctrine positiviste, mais, comme on l'a vu, la prépondérance des preuves et des raisons avancées au soutien des croyances, compte tenu de toutes nos autres croyances admises comme vraies ou comme suffisamment établies incluant celles relatives au bien.[201]

Cette objection admettrait donc les faiblesses de la doctrine positiviste et concèderait que la justification de la théorie du droit avancée par Hart est insuffisante dans la mesure où elle en dépend. Cependant, elle soutiendrait que cette théorie *est* rationnellement acceptable et donc vraie, notamment pour le motif qu'elle est ultimement soutenue par une conception du bien humain.[202] L'argumentation procéderait de croyances descriptives et normatives constitutives des schèmes conceptuels et des interprétations théoriques qui montrent, par exemple, qu'il est désirable de concevoir que

---

[201] Voir: supra chapitres III-IV.

[202] On ne pourrait pas simplement avancer que la représentation du droit qui sert de fondement à la théorie du pluralisme interprétatif est une représentation « raisonnable » du droit parmi d'autres. Cela réfuterait l'objection. Voir: supra note 118.

le seul but ou fonction du droit est de guider et de critiquer la conduite humaine, comme le propose Hart et, en conséquence, de le fonder sur une convention sociale, d'identifier l'existence et le contenu des règles valides selon leur pedigree ou source sociale, etc.[203] Alternativement, on pourrait soutenir comme Morissette que la théorie de Hart est rationnellement acceptable pour le motif qu'il est désirable pour le bien humain que la « fin dernière » du droit soit de résoudre *hic et nunc* le « dilemme de l'âne de Buridan » afin que l'on puisse passer à autre chose et « continuer à vivre provisoirement ensemble sans s'entre-tuer ».[204] Et ainsi de suite.

Dans une large mesure, les conceptions « normatives » ou « éthiques » du positivisme juridique contribuent à montrer que les théories positivistes du droit sont rationnellement acceptables.[205] C'est pour ce motif, du reste, que Ronald Dworkin a *reconstruit* la théorie positiviste de Hart (et d'autres positivistes) dans le cadre du « conventionnalisme ».[206] Le conventionnalisme permettait de concevoir la représentation positiviste du droit sous son « meilleur jour », c'est-à-dire, comme une interprétation de la pratique juridique fondée sur des considérations descriptives et normatives, plutôt que strictement positivistes. De ce point de vue, la réplique de Hart dans le *Postscript* est décevante : elle passe à côté de la question en se contentant de répéter le contenu de sa théorie conformément aux postulats de la doctrine positiviste.[207]

Dans ce chapitre, je repousse l'objection. Ma critique est interne à la théorie du droit avancée par Hart. Je soutiens qu'il n'est pas rationnel d'accepter la représentation du droit qu'il propose lorsque notre objet d'études est la nature profonde ou interne de l'interprétation des textes de loi litigieux. Je ne nie pas que cette représentation puisse être rationnellement acceptable à d'autres fins. Mais le problème, tel que je le conçois, est que Hart situe le fondement du droit dans des conventions sociales, mais ignore celles qui pèsent sur les interprètes lorsqu'ils déterminent le contenu normatif d'un texte de loi litigieux. Ce faisant, elle passe à côté d'une dimension

---

[203] Hart, supra note 119, p. 259.

[204] Morissette, « Deux ou trois choses », supra note 24, 597. Morissette pourrait donc avancer une justification du pluralisme interprétatif dans les termes du « rationnellement acceptable ». Je doute cependant qu'il accepte de le faire.

[205] Voir : Tom D. Campbell, *The Legal Theory of Ethical Positivism*, Aldershot, Dartmouth, 1996.

[206] Voir : Dworkin, supra note 150, chap. 4.

[207] Voir : Hart, supra note 119, p. 248-250.

essentielle de la situation sociale qu'elle prétend décrire correctement et, par conséquent, du « droit ». Comme l'écrivait à d'autres fins Joseph Raz, l'un des juristes positivistes les plus influents depuis Hart:

> Lawyers, both academic and practising, are fond of talking of the life of the law, its spirit, or its inner logic. In part these expressions refer to the unwritten conventions of the legal profession. These extend beyond habits and manners, and affect the presentation of argument. They include conventions of interpretation and a sense of propriety in the conduct of cases which may be decisive in determining their outcome. *There is no doubt that, because of the importance of the legal profession and its conventions in contemporary legal systems, any study of the law which disregards them is liable to produce a distorted picture.* »[208]

1. L'objet d'études de la théorie du droit de Hart

Le positivisme juridique postule que le droit « tel qu'il est » est séparé de la méthodologie juridique, telle qu'elle se pratique en fait. La théorie du droit offre une représentation du droit; la méthodologie se rapporte aux types de raisonnements et de processus utilisés par les juristes lorsqu'ils résolvent les problèmes juridiques conformément au droit. Selon la théorie de Hart, je le rappelle, le droit est constitué d'un ensemble de règles (primaires et secondaires) dont la validité dérive ultimement d'une règle sociale conventionnelle qui fait office de fondement, la « règle de reconnaissance ».[209] L'articulation de cet ensemble de règles forme un système juridique. Puisque les règles valides sont exprimées par les mots du langage ordinaire, elles possèdent une « texture ouverte » : le sens est clair lorsqu'il y a un accord général à propos de leur application à certains faits et il est obscur (il est dans la « pénombre ») lorsqu'il y a désaccord.[210] Lorsque le sens est clair, le droit semble déterminer son champ d'application; lorsqu'il est obscur, le droit semble indéterminé. Là où s'arrête l'accord général, il n'existe donc rien ni en droit ni ailleurs en vertu de quoi les interprétations proposées des textes de loi pourraient être correctes ou incorrectes, vraies ou fausses. Ceux qui croient le contraire seraient donc dans l'erreur.[211]

---

[208] Joseph Raz, « The Inner Logic of the Law », dans *Ethics in the Public Domain*, Oxford, Clarendon Press, 1994, chap. 11, p. 238 [mes italiques].
[209] Hart, supra note 4, p. 92-97.
[210] *Id.*, 122-124.
[211] Morissette, « Reasonable Decision », supra note 24, 228-231.

Mais cette conclusion est trop hâtive. L'ouvrage de Hart, *The Concept of Law*, n'avait pas pour objet d'études la nature profonde ou interne de l'interprétation juridique et du processus de raisonnement et de décision judiciaires, soit la méthodologie juridique. Son objet d'études était le concept de *droit* en tant que « complex social and political institution with rule-governed (and in this sense 'normative') aspect ».[212] Hart concevait son ouvrage comme un « exercise in descriptive sociology » et comme « an essay in analytical jurisprudence ».[213] Sa théorie « of what law is » était conçue comme « générale » (n'étant liée à aucune culture ou aucun système juridiques en particulier) et « descriptive » (étant neutre d'un point de vue moral).[214]

1.

Il est vrai que Hart énonça quelques propositions méthodologiques dans le chapitre VII de son ouvrage *The Concept of Law*. Mais ces propositions étaient incidentes à son objet d'études, le concept de droit. L'objectif du chapitre VII était d'examiner comment le droit pouvait être un instrument de contrôle social, alors qu'il est conçu comme un ensemble de règles générales de conduite *communiquées* par des lois qui utilisent un langage *général*, ainsi que par des précédents qui utilisent des *exemples*. Hart voulait montrer que ces deux techniques (lois et précédents) posaient des problèmes semblables de communication. C'est dans ce contexte qu'il introduisit la notion de « texture ouverte » du langage et qu'il affirma que le syllogisme formel pouvait suffire lorsque des faits peuvent être subsumés sous des termes ou des exemples clairs et que le raisonnement analogique était nécessaire lorsqu'ils ne le peuvent pas. C'est dans ce contexte qu'il affirma que le « langage », par nature, laissait aux interprètes une marge de discrétion qui peut être très large, de sorte que la décision d'appliquer ou non la règle à certains cas résulte d'un « choix ».[215]

Cependant, contrairement à ce qu'on semble croire trop souvent, la discussion n'avait pas pour but de proposer une théorie de l'interprétation en droit. Son regard n'était pas fixé sur les interprètes ou l'acte d'interprétation, mais sur les règles de droit valides observables, son langage et sa capacité limitée à communiquer un message. L'étude de la nature profonde

---

[212] Hart, supra note 119, p. 239.

[213] Hart, supra note 4, p. v.

[214] *Id.*, 239-240.

[215] Hart, supra note 4, p. 122-124.

ou interne de l'interprétation juridique aurait constitué un autre projet de recherche. Ses propos étaient très clairs à cet égard. Discutant précisément des cas litigieux qui, selon lui, requièrent un raisonnement analogique, il écrivait: « the criteria of relevance and closeness of resemblance depend on many complex factors running through the legal system and on the aims or purpose which can be attributed to the rule. *To characterize these would be to characterize whatever is specific or peculiar in legal reasoning.* »[216] Cette mise en garde fut confirmée en 1994 dans le *Postscript*: « I said far too little in my book about the topic of adjudication and legal reasoning ».[217]

2.

Il est pour le moins intrigant que tant de juristes réduisent la nature de l'interprétation juridique aux quelques propositions énoncées au chapitre VII de *The Concept of Law*.[218] Hart n'a jamais exclu qu'il puisse exister quelque chose de plus substantiel au processus d'interprétation des textes de loi que le «choix» et la «discrétion», quelque chose de «specific or peculiar in legal reasoning » qui puisse déterminer les critères d'une bonne interprétation des textes de loi. De plus, comme on le verra, il a explicitement admis que le processus d'interprétation peut être constitué de contraintes capables de limiter les choix et la discrétion. Certes, il n'a jamais soutenu que ces contraintes puissent éliminer « the need for such choice ».[219] Mais le « choix » dont il est question constitue une conséquence nécessaire de la nature du langage utilisé dans les textes de loi litigieux; ce n'est pas une conséquence nécessaire de la nature de l'acte d'interprétation. Pour ces motifs, il n'est pas justifié de représenter la nature profonde ou interne de l'interprétation des textes de loi litigieux sur la base des seuls propos formulés par Hart dans le chapitre VII.[220]

---

[216] *Id.*, p. 124 [Mes italiques].

[217] Hart, supra note 119, p. 259.

[218] Il est probable que les critiques formulées par Dworkin au début de sa carrière y soient pour quelque chose; mais l'idée que les propositions méthodologiques formulées au chapitre VII constituent une théorie de l'interprétation devrait être prise avec un soupçon de réserves.

[219] Hart, supra note 4, p. 126. Il soutenait cela même à l'égard des doctrines du formalisme et du conceptualisme pourtant conçues pour éliminer le choix.

[220] C'est pourtant ce que semble faire Morissette. Il est vrai qu'il admet que « la thèse de Hart ne fait qu'esquisser l'essentiel, sans tenter une démonstration exhaustive du caractère irréductiblement acataleptique, ou indéterminé, de quantité de problèmes

La question est de déterminer s'il existe des critères d'une bonne interprétation, notamment des critères décisifs ou des considérations qui constituent de bonnes raisons de retenir une interprétation proposée d'un texte litigieux au détriment de toutes les autres, de sorte que l'on puisse dire qu'il est rationnel de l'accepter et, conséquemment, qu'elle est correcte ou vraie. Dans les prochaines sections, je montrerai que ce puisse être le cas. Puisque je veux dialoguer avec la théorie du pluralisme interprétatif fondée sur la représentation du droit proposée par Hart, je partirai aussi de ses propos. Mais je montrerai qu'ils ont des implications qui mettent à mal l'idée de « choix » et de « discrétion ». Je soutiendrai ensuite que les critères d'une bonne interprétation sont conventionnels et, en tant que tels, au moins certains d'entre eux sont au fondement même du droit, au même titre que les conventions qui, selon Hart, établissent les critères de validité des règles de droit.

2. Décider selon son sens de ce qui est le mieux

Je ne crois pas faire erreur en croyant que, selon Morissette, la position de Hart tient dans le passage suivant : « the existing law imposes limits on our choice and not the choice itself ».[221] Cependant, comme on l'a vu, le « choix » dont il est question dans ce passage est une conséquence de

---

d'interprétation en droit ». « Peut-on 'interpréter' », supra note 1, p. 24. Cependant, il s'appuie sur les travaux d'Endicott sur l'imprécision (« vagueness ») en tant qu'attribut des règles ou des termes qu'elles utilisent pour inférer que « ce facteur compromet au même titre toute tentative d'éliminer au moyen de règles de second niveau, ou de niveau supérieur, les ambiguïtés, sources d'indétermination, qui sont présentes dans les règles de premier niveau. » *Id.*, p. 26-27. Or, cette inférence ne peut être valide qu'à la condition de postuler 1/ que la totalité du droit réside dans les attributs intrinsèques des mots ou des expressions linguistiques formelles constitutives des règles et 2/ qu'une interprétation ne peut être correcte que si, et seulement si, elle est clairement et formellement déduite de ces mêmes attributs. C'est pourquoi il conclut, à l'instar d'Endicott, que « le vague est ... une caractéristique inhérente au droit ». *Id.*, p. 27. Or, comme nous le soutiendrons plus loin, une théorie acceptable de l'interprétation en droit doit élargir son objet d'études : plutôt que d'examiner exclusivement les attributs des mots et des expressions (le vague, l'imprécision), elle doit tourner son regard vers la pratique d'interprétation, c'est-à-dire, sur la nature des raisonnements et des critères utilisés par les interprètes pour justifier les bonnes interprétations. Il est significatif, du reste, que ce déplacement était déjà opéré chez Hart. Voir infra le texte accompagnant les notes 224-230.

[221] H.L.A Hart, « Positivism and the Separation of Law and Morals », (1958) 71 *Har. L. Rev.* 593, 629.

la nature du *droit*, conçu comme un ensemble de règles communiquées par le langage ordinaire, et non pas nécessairement de la méthodologie juridique, car de ce point de vue, les juges peuvent être contraints de décider dans un sens particulier. Dans le *Postscript*, par exemple, il écrivait :

> It is true that when particular statutes or precedents prove indeterminate, or when the explicit law is silent, judges do not just push away their law books and start to legislate without further guidance from the law. Very often, in deciding such cases, *they cite some general principle or some general aim or purpose* which some considerable relevant area of the existing law can be understood as exemplifying or advancing *and which points towards a determinate answer for the instant hard case*.[222]

Il est vrai qu'il ajouta aussitôt que ces principes et ces buts généraux n'éliminent pas la nécessité de faire un choix, car « in any hard case, different principles supporting competing analogies may present themselves and a judge will often have to choose between them ».[223] Mais la question n'est pas là, car il est incontestable qu'un juge doive *choisir* entre des principes concurrents, dès lors qu'ils sont pertinents. La question est de savoir comment ou sur quelle base les juges font leur « choix ».

On pourrait répondre que ça dépend de chacun, de leur opinion subjective, de leurs préférences, de leurs valeurs personnelles ou de leur idéologie, que c'est arbitraire, que ça dépend de ce qu'ils ont mangé le matin, etc. Mais je doute que ces réponses soient satisfaisantes et qu'elles nous permettent de comprendre la nature profonde ou interne de l'interprétation juridique. En tout cas, ce n'est pas la réponse de Hart. Sa réponse est beaucoup plus complexe, bien qu'insuffisante. Quelle est-elle ?

1.

La réponse générale avancée par Hart est celle-ci : un juge consciencieux choisit « like a conscientious legislator, *on his sense of what is best* and not on any already established order of priorities prescribed for him by law ».[224] On pourrait donc croire que décider selon « son sens de ce qui est le mieux » (« his sense of what is best ») ne signifie rien de plus que choisir ce que le droit « devrait être » à sa discrétion, selon ses sentiments ou à son bon plaisir. Certains passages semblent d'ailleurs aller dans cette

---

[222] Hart, supra note 119, p. 274 [mes italiques].
[223] *Id.*, p. 275.
[224] *Id.* [mes italiques]. Voir aussi : Hart, supra note 4, p. 126 et 200.

direction. Par exemple, dans le *Postscript*, Hart écrivait qu'un juge « must always have some general reasons justifying his decision and he must act as a conscientious legislator would by deciding *according to his own beliefs and values* ».[225] Mais ce serait se méprendre sur la portée de l'affirmation.

Un juge consciencieux qui choisit une interprétation « on his sense of what is best » met en œuvre ce que l'on nomme le « sens pratique » (la sagesse pratique ou la prudence) : il doit retenir l'interprétation qui, selon son jugement, est la meilleure dans les circonstances. Cela peut sembler redondant, mais à l'examen, ce ne l'est pas. Car un juge consciencieux qui évalue et choisit une interprétation « on his sense of what is best » postule nécessairement qu'il existe un état de choses possible en vertu duquel une interprétation donnée est objectivement « what is best », c'est-à-dire, meilleure que les autres. Pour le dire autrement, il doit présupposer l'existence d'une interprétation possible en vertu de laquelle la résolution du litige peut être ou promeut ce qui est véritablement le « mieux » dans les circonstances. Certes, une telle détermination est une question de jugement et d'appréciation de la part du sujet qui interprète (elle dépend du sens de ce qui est le mieux). Mais elle doit présupposer l'existence d'une interprétation objectivement meilleure que les autres. Autrement, l'affirmation de Hart ne voudrait rien dire ou rien dire de plus que le fait qu'ils peuvent choisir n'importe quoi – ce qu'elle ne dit pas.

Mais ce n'est pas tout. Cela implique que les juges consciencieux présupposent nécessairement qu'il existe des considérations objectives sur la base desquelles ils peuvent établir ce qui est le mieux dans les circonstances, c'est-à-dire, des considérations qui constituent de bonnes raisons de choisir une interprétation proposée au détriment de toutes les autres. Ces considérations ne résident évidemment pas « dans » le langage du texte de loi dont le sens est litigieux, car c'est ce qui est en question. Elles ne peuvent pas non plus être une question de certitude absolue, car nous ne sommes pas en mathématiques ni en logique formelle. Quelles peuvent-elles donc être ? Que dit Hart à ce sujet ?

Hart a formulé quelques considérations au chapitre IX de son ouvrage *The Concept of Law*, dans une section concernant spécifiquement l'interprétation. Ces considérations sont formulées en termes généraux. Je tiens à les énoncer ici, car elles sont tout à fait pertinentes pour la suite des choses :

---

[225] Hart, *id.*, p. 273 [mes italiques].

1/ Les juges n'exercent pas leur pouvoir «arbitrairement» ou «mécaniquement».

2/ Les juges présupposent que le but des règles qu'ils interprètent est «a reasonable one, so that the rules are not intended to work injustice or offend settled moral principles».[226]

3/ Les juges «often display characteristic judicial virtues, the special appropriateness of which to legal decision explains why some feel reluctant to call such activity 'legislative'».[227]

4/ Ces vertus sont: «impartiality and neutrality in surveying the alternatives; consideration for the interest of all who will be affected; and a concern to deploy some acceptable general principle as a reasoned basis for decision».[228]

5/ «In all this, we have the 'weighing' and 'balancing' characteristic of the effort to do justice between competing interests».[229]

6/ On ne peut pas «démontrer» qu'une interprétation est «uniquely correct», mais on peut la rendre «acceptable as the reasoned product of informed impartial choice».[230]

Ces considérations générales sont descriptives. Pour les juges consciencieux qui s'y conforment, elles sont normatives. Elles agissent comme des contraintes qui pèsent sur les juges consciencieux engagés dans un processus d'interprétation. Elles constituent ce que je nommerai des *critères d'une bonne interprétation*.

Bien entendu, en pratique, elles peuvent devoir être spécifiées, notamment lorsqu'elles sont en conflit – ce qui soulève la question de savoir s'il existe quelque considération ou critère *décisif* permettant de trancher en dernière instance.

2.

Morissette pourrait être d'accord avec cela, car il soutient qu'une «constante dans la prise de décision judiciaire demeure la procédure à laquelle

---

[226] Hart, supra note 4, p. 200.
[227] *Id.*
[228] *Id.*
[229] *Id.*
[230] *Id.*

sont astreints les juges ».[231] Et le « procéduralisme » auquel il réfère est illustré dans une note de bas de page en citant au complet le passage dans lequel Hart énonce ce que je qualifie de critères d'une bonne interprétation.[232] Selon Morissette, dans les cas litigieux, « [le] sujet ... a droit à un processus et non à un résultat ».[233] Et ce serait cette procédure « qui est garante de l'état de droit » – non pas la décision au mérite.[234]

On peut aisément admettre que les critères d'une bonne interprétation sont procéduraux. Mais, comme on le verra plus loin, on ne doit pas pousser trop loin la distinction entre le processus et le résultat. Les critères peuvent être procéduraux et exiger néanmoins un résultat spécifique dans les cas difficiles. Cela est bien connu en droit. Pensons, par exemple, au procès criminel. La procédure criminelle est conçue pour atteindre un résultat spécifique, établir la culpabilité véritable ou pas de ceux qu'on accuse d'un crime. En cela, le sujet a droit non seulement à un processus, mais aussi à un résultat: être déclaré coupable d'un crime seulement s'il l'a commis. La procédure a pour objet la vérité, même si elle ne garantit pas qu'elle sera atteinte dans tous les cas; les erreurs judiciaires étant toujours possibles.

De même, s'il est vrai que les critères d'une bonne interprétation énoncés par Hart sont procéduraux, ils sont aussi conçus pour atteindre un résultat spécifique – disons, par exemple, établir l'interprétation en vertu de laquelle un état de choses est « ce qui est le mieux » dans les circonstances en tant que produit raisonné d'un choix impartial dans un effort de rendre justice entre des intérêts concurrents, etc. Les critères procéduraux postulent donc (et doivent logiquement postuler) qu'il existe, en principe du moins, un résultat spécifique auquel les sujets ont droit. Ils ont pour objet la recherche de la vérité en la matière et déterminent quel résultat est « correct ». Certes, ils ne garantissent pas que la vérité peut être atteinte dans tous les cas et il est clair qu'on ne peut pas « démontrer apodictiquement » qu'elle l'est. Mais cela ne signifie pas qu'il n'y a pas de vérité en la matière ni qu'elle ne puisse pas être établie par la prépondérance des preuves et des considérations pertinentes. Il n'y a rien de plus « certain », de plus « objectif », de plus « absolu » ou de plus « vrai » à rechercher que

---

[231] Morissette, « Peut-on 'interpréter' », supra note 24, 32.
[232] Id., 32-33, n°83.
[233] Id., 33.
[234] Id.

ce qu'il y a de mieux dans les circonstances, compte tenu des critères d'une bonne interprétation.

3.

Cette discussion nous invite à revenir sur la notion de « choix ». Selon Hart, on l'a vu, la nécessité de « choisir » une interprétation est un incident de sa théorie du droit et du langage et non pas une conséquence nécessaire de la méthodologie. Or, il n'y a pas d'incompatibilité entre l'affirmation que, du point de vue d'une théorie de ce qu'est le droit, un juge consciencieux *doit* faire un choix et l'affirmation que, du point de vue de la méthodologie, il doit choisir selon « his sense of what is best », compte tenu des critères d'une bonne interprétation internes à la pratique d'interprétation. Par conséquent, même si la texture ouverte d'une règle de droit valide impose au juge de faire un choix, en bout d'analyse, le juge consciencieux n'a *pas* de choix : il *doit* choisir la meilleure interprétation, celle qui est ou qui promeut ce qu'il y a de mieux dans les circonstances.

Pour ces motifs, l'affirmation suivante énoncée par Hart n'est pas pertinente, bien qu'elle soit incontestable : « Judges of the stature of Oliver Wendell Holmes and Cardozo in the United States, or Lord Macmillan or Lord Radcliffe or Lord Reid in England, and a host of lawyers, both academic and practising, have insisted that there are cases left incompletely regulated by the law where the judge has an inescapable though 'interstitial' law-making task, and that *so far as the law is concerned* [« the law » tel que compris selon la théorie positiviste] many cases could be decided either way. »[235] Il est significatif que la stature de ces juges ne réside pas dans le constat que certains cas sont incomplètement réglementés par le langage, mais dans leur capacité à rendre des décisions ou à proposer des interprétations sur la base de considérations qui montrent que, dans les circonstances, il est rationnel de les accepter « as the reasoned product of informed impartial choice ».

4.

Voilà donc ce que signifie une interprétation correcte en droit, la seule dont on puisse dire qu'elle est la « bonne » : c'est une interprétation qui

---

[235] Hart, supra note 119, p. 274 [mes italiques].

sanctionne « what is best » conformément aux critères d'une bonne interprétation, tels que ceux formulés par Hart (impartialité, mise en équilibre des intérêts concurrents, justification rationnellement acceptable, etc.).

Ces propos inférés des propositions de Hart sur l'interprétation constituent un excellent point de départ. Mais ils sont insuffisants. Peut-on combler ce qui est laissé en suspens ? La réponse est oui. J'entends le montrer dans le reste de ce chapitre et au prochain chapitre intitulé « Le juste et le bien ».

3. Les conventions d'interprétation

Au tournant des années 1980, la recherche commença à s'intéresser sérieusement à l'interprétation conçue comme mode de compréhension des choses plutôt qu'à l'objet interprété (textes et langage) conçu comme le fondement objectif du sens véritable. C'est ce qu'on nomma « the interpretive turn ».[236] Cela apparut d'abord en théorie constitutionnelle puis en interprétation des lois, principalement aux États-Unis.[237]

Deux principaux phénomènes permettent de l'expliquer. Le premier était l'importance des théories associées au « Legal Realism » dans la communauté juridique, de même que l'influence grandissante dans les facultés de droit des « Critical Legal Studies », du pragmatisme, de la critique postmoderne et de la théorie littéraire. Selon ces théories, l'interprétation ne pouvait pas être fondée objectivement sur un sens véritable enfoui « dans » les textes ou formellement déterminé par le langage, les principes juridiques, la morale ou autres. On admettait de plus en plus que le pouvoir discrétionnaire des juges était immense, voire total, qu'ils l'exerçaient souvent

---

[236] Ce courant participait à la fois du mouvement « droit et littérature » et des travaux en philosophie qui passèrent de l'épistémologie fondationnaliste à l'herméneutique.

[237] L'influence de Ronald Dworkin, *Taking Rights Seriously*, Cambridge, Harvard University Press, 1977, est indéniable. Mais, tout aussi importants furent l'article de Thomas Grey publié en 1974 : « Do We Have an Unwritten Constitution ? », (1974) 27 *Stan. L. Rev.* 703 (établissant la distinction « interpretivist-noninterpretivist ») et les symposiums remarquables sur la nature de l'interprétation tenus au début des années 1980 : « Symposium-Constitutional Adjudication and Democratic Theory », (1981) 56 *N.Y.U. L. Rev.* 259 ; « Symposium : Judicial Review versus Democracy », (1981) 42 *Ohio St. L.J.* 1 ; « Symposium on Legal Scholarship : Its Nature and Purposes », (1981) 90 *Yale L.J.* 955 ; et le symposium « The Politics of Interpretation », (1982) 9 *Critical Inquiry* 1. Les années 1980 furent en conséquence une période extrêmement féconde et stimulante pour étudier les fondements du droit dans sa dimension normative substantielle.

selon leur bon plaisir et qu'ils imposaient à toute la communauté leur préférence politique au sujet de ce que le droit « devrait être ».

Le second phénomène était le rôle que jouait la Cour suprême des États-Unis depuis les années 1950 dans la promotion de réformes sociales « progressistes » ou « libérales » en matière de ségrégation raciale, de prières dans les écoles, de censure morale, de dissidence politique, d'action positive, de contraception, d'avortement, de procédure criminelle, etc. Devant tant « d'activisme », comme on le disait, on ne pouvait plus simplement affirmer ou croire que les interprétations progressistes favorables au libéralisme étaient clairement, logiquement ou nécessairement inférées du texte de la Constitution et, par conséquent, « correctes » en droit, alors que les opinions juridiques favorables au conservatisme étaient purement idéologiques ou fondées sur les préjugés personnels des juges.

Ces deux phénomènes discréditèrent les théories méthodologiques « objectivistes », telles que le formalisme juridique et l'importante école du « Legal process » élaborée dans les années 1950 et 1960, principalement en réponse au subjectivisme associé au « Legal Realism ».[238] De plus, ils firent résonner les cloches de la démocratie. Il en résulta une remise en question profonde de la légitimité du pouvoir judiciaire, notamment celle de la Cour suprême, dont les décisions contribuaient tantôt à discréditer les institutions démocratiques, tantôt à légitimer les rapports de pouvoir et les injustices sociales au nom d'un droit inexistant.[239]

---

[238] Les thèses objectivistes cherchaient à limiter le pouvoir discrétionnaire des juges, mais qui, pour la plupart, maintenaient l'idée qu'en bout d'analyse, dans les cas difficiles, un « choix » demeurait inévitable. Par exemple : Neil Duxbury, *Patterns of American Jurisprudence*, Oxford, Clarendon Press, 1995, chap. 4. Le « Legal process school » soutenait que les juges devaient avoir un rôle limité en raison de leur compétence institutionnelle, soit en faisant preuve de déférence envers les décisions d'autres institutions, notamment dans le processus de contrôle judiciaire, soit en suivant le but des lois dans le processus d'interprétation. Voir, par exemple : le très influent Henry M. Hart, Jr. et Albert Sacks, *The Legal Process*, éd. 1958 réédité par William N. Eskridge, Jr. and Philip P. Frickey, Westbury, Fondation Press, 1994.

[239] Sur le pouvoir judiciaire et la démocratie, voir : Learned Hand, *The Bill of Rights*, Cambridge, Harvard University Pres, 1958 ; Alexander Bickel, *The Least Dangerous Branch*, New Haven, Yale University Press, 1962. Sur la legitimation des rapports de pouvoir et les injustices sociales, voir, par exemple : Duncan Kennedy, *Legal Education and the Reproduction of Hierarchy,* Auto-édition, 1983 ; Alan Freeman, « Legitimazing Racial discrimination through Antidiscrimination Law : A Critical Review of Supreme Court Doctrine », (1978) 62 *Minnesota L.R.* 1049.

Pour qui s'intéressait à ces questions, les théories positivistes du droit qui décrivait l'interprétation en termes de choix et de discrétion apparaissaient maintenant insatisfaisantes : insuffisantes sur un plan descriptif (n'y a-t-il réellement rien de plus qu'une texture ouverte ?) et douteuses sur un plan normatif (est-il moralement acceptable qu'il n'y ait rien de plus qu'une texture ouverte ?).[240] La question centrale devint : la pratique d'interprétation comporte-t-elle ses propres contraintes ou considérations obligatoires internes faisant office de *critères* permettant d'établir d'une manière décisive la bonne interprétation d'un texte de loi litigieux ?

Dans cette section, je rappelle deux conséquences résultant de ces travaux. La première fut d'établir l'existence de conventions qui pèsent sur le processus d'interprétation juridique. La seconde fut d'établir le caractère objectif des processus qui s'y conforment, de sorte que les interprétations qui en résultent peuvent être jugées « correctes » ou « incorrectes », « vraies » ou « fausses ».

1.

Plusieurs positivistes participèrent à ces travaux.[241] Joseph Raz, par exemple, admettait que les juges exercent un pouvoir d'élaboration du droit (*law-making power*) dans les cas difficiles, soit le pouvoir de décider ce que le droit « devrait être ». Cependant, contrairement à Hart, il tenta de rendre compte du fait que les juges se disent *contraints* ou *tenus* de recourir à des règles, des standards et des valeurs. Sa thèse est que le pouvoir d'éla-

---

[240] C'est dans ce contexte que Dworkin élabora et publia sa théorie du droit fondée sur une approche « interprétative » en 1986, voir : supra note 150. C'est aussi dans ce contexte que Pierre-André Côté prit le tournant « interprétatif », rompant avec l'approche cognitiviste qui caractérisait la théorie « officielle » de l'interprétation des lois, au profit d'une théorie de l'interprétation qu'il décrit comme un « création sujette à des contraintes ». Voir : Pierre-André Côté, « L'interprétation de la loi, une création sujette à des contraintes », supra note 12, reproduite depuis dans les éditions subséquentes de son traité *Interprétation des lois* supra note 6, 8 et 12.

[241] Voir la contribution remarquable de Neil McCormick en réaction aux travaux de Dworkin. McCormick admettait que l'on peut identifier objectivement les principes implicites du droit et, en conséquence, résoudre les désaccords « spéculatifs ». Cependant, il niait que l'on puisse résoudre les désaccords purement « pratiques » à propos de ce qu'il faut décider. Le pouvoir discrétionnaire des juges serait donc limité, mais il demeurerait un espace résiduel où un choix doit ultimement être fait, notamment en raison des arguments « conséquentialistes ». Voir : Neil McCormick, *Legal Theory and Legal Reasoning*, Oxford, Clarendon Press, 1978, p. 246-255.

borer le droit constitue ce qu'il nomme un «directed power».[242] Ce pouvoir est une forme de délégation, car il s'accompagne d'un *devoir* spécifique: le devoir de l'exercer en vue de promouvoir certains objectifs à l'exclusion de tous les autres.[243] La nature des objectifs peut varier selon les systèmes juridiques: les objectifs peuvent être plus ou moins précis; viser la cohérence du droit (ou pas), promouvoir la morale, la justice sociale, l'utilité, etc.[244] Mais dans tous les cas, les objectifs s'incarnent dans les doctrines juridiques générales et dépendent de la pratique commune adoptée par les juges, c'est-à-dire, des «coutumes judiciaires», lorsqu'ils interprètent et appliquent les textes de loi litigieux.[245]

> [The] courts' powers are directed, i.e., they are subject to duties prescribing the ends which alone must be served by the exercise of the powers and enjoining the courts to use their powers to those ends. The ends are embodied in the general doctrines ... In dealing with cases falling under this doctrine the courts may develop the law, but only in order to achieve the end set by the doctrine. We expect the courts to be guided by the general doctrines applicable when developing the law to meet the circumstances of different cases. We judge their efforts by their success in doing so. And we regard them as having failed in their duties if their decisions fail to serve the governing doctrines.[246]

Cette thèse permet d'expliquer pourquoi l'interprétation ne peut pas se résumer à une affaire de discrétion, d'opinion subjective ou de pouvoir. Cependant, compte tenu de ses postulats positivistes, Raz maintient que l'interprétation retenue n'est pas «juridique» (elle n'est pas «legally binding») tant qu'une cour de justice ne lui ait pas donné force de loi.[247] Cela découle de ce qu'il nomme la «thèse des sources».[248]

---

[242] Voir: Raz, supra note 208, p. 242.

[243] *Id*.

[244] *Id*., p. 243.

[245] *Id*., p. 245-246.

[246] *Id*., p. 249.

[247] Cette assertion est contestable, comme on le verra plus bas. Voir: infra section 4.

[248] *Id*., p. 247-250. La thèse des sources signifie que l'existence et le contenu des règles de droit sont entièrement déterminés par leur source sociale ou pedigree, sans avoir recours à des arguments moraux, en raison de sa prétention à faire autorité – le droit ne pourrait prétendre faire autorité que s'il est possible d'identifier ses prescriptions sans avoir recours aux raisons qui les soutiennent. Voir aussi: infra, le texte accompagnant la note 274.

2.

Parmi les nombreuses contributions produites au début des années 1980 sur la nature de l'interprétation juridique, celles d'Owen Fiss sont incontournables. Ses thèses procèdent du positivisme juridique, mais réfutent les versions du pluralisme interprétatif fondées sur le nihilisme juridique.[249] Dans une très large mesure, elles soutiennent les prémisses de la théorie de l'interprétation des lois comme une « création sujette à des contraintes » avancée par Pierre-André Côté en 1990, sur laquelle je reviendrai au dernier chapitre.[250]

Dans son célèbre texte « Objectivity and Interpretation », Fiss admet que le sens d'un texte ne réside pas « dans » le texte. Cependant, il nie qu'un juge est libre « to assign any meaning he wishes to the text ».[251] L'interprétation peut être objective et doit l'être, car le but du processus de décisions judiciaires n'est pas simplement de résoudre les litiges *hic et nunc*. Il est d'instituer un processus « by which judges give meaning to our public values ».[252] Que doit-on entendre par « objectivité » en matière d'interprétation ?

> Objectivity in the law connotes standards. It implies that an interpretation can be measured against a set of norms that transcend the particular vantage point of the person offering the interpretation. Objectivity implies that the interpretation can be judged by something other than one's own notions of correctness. It imparts a notion of impersonality. The idea of an objective interpretation does not require that the interpretation be wholly determined by some source external to the judge, but only that it be constrained.[253]

Or, il existe de telles contraintes et elles sont conventionnelles. Elles dérivent d'un ensemble de « règles disciplinaires » qui font autorité dans les communautés interprétatives auxquelles les interprètes appartiennent

---

[249] Fiss répondait spécifiquement à la thèse de Sanford Levinson selon laquelle il n'existe aucune contrainte effective en matière d'interprétation et, par conséquent, aucun fondement aux affirmations qu'une interprétation est « correcte » ou « incorrecte ». Voir : Sanford Levinson, « Law as Literature », (1982) 60 *Texas L.R.* 373. Voir : Fiss, supra note 9 ; Owen Fiss, « The Death of Law », (1986) 72 *Cornell Law Review* 1.

[250] Voir : Côté, « L'interprétation de la loi, une création sujette à des contraintes », supra note 12, reproduite dans son remarquable traité *Interprétation des lois*, supra note 6, 8 et 12.

[251] Fiss, supra note 9, 744.

[252] Owen Fiss, « Foreword : Forms of Justice », (1979) 93 *Harv. L.R.* 2.

[253] Fiss, supra note 9, 744.

et qui, en même temps, les définissent.[254] Elles sont donc *internes* à la pratique d'interprétation et forment l'institution dans laquelle les juges agissent. Ces règles disciplinaires varient selon les communautés interprétatives et selon la nature des textes à interpréter. En droit, elles spécifient «the relevance and weight to be assigned to the material (e.g., words, history, intention, consequence)», définissent les concepts fondamentaux et établissent «the procedural circumstances under which the interpretation must occur».[255] Elles transforment le processus d'interprétation «from a subjective to an objective one, and they furnish the standards by which the correctness of the interpretation can be judged.»[256] L'interprétation n'est donc pas une affaire d'opinion ou de préférences subjectives: «[it] *makes law possible*».[257]

Dans la mesure où les contraintes disciplinaires permettent de déterminer la bonne interprétation dans un contexte factuel donné, le critère de vérité ne peut être qu'une forme d'acceptabilité rationnelle, c'est-à-dire, une affaire d'argumentation, de cohérence, de pertinence et d'adéquation qui montrent que telle interprétation est la meilleure, compte tenu de la prépondérance des preuves et des raisons. Il s'ensuit que nous aurions tort de mesurer l'objectivité des jugements interprétatifs à l'aune des postulats positivistes:

> The objectivity of the physical world may be more transcendent, less relativistic, though the Kuhnian tradition in the philosophy of science throws considerable doubt on that common sense understanding; but as revealed by the reference to language, ... the physical does not exhaust the claim of objectivity, nor does it make this bounded objectivity of interpretation a secondary or parasitic kind of objectivity. *Bounded objectivity is the only kind of objectivity to which the law – or any interpretive activity – ever aspires and the only one about which we care.* To insist on more, to search for the brooding omnipresence in the sky, is to create a false issue.[258]

On pourrait objecter que les règles disciplinaires ne mettent pas nécessairement fin aux désaccords interprétatifs. C'est vrai. Cependant, comme le soutient Fiss, «[t]he correctness of any interpretation is relative to a set

---

[254] *Id.*
[255] *Id.*, 744.
[256] *Id.*, 744 et 745.
[257] *Id.*, 750 Italiques dans le texte.
[258] *Id.*, 745-46 [Mes italiques].

of standards »:[259] « it does not require agreement or consensus, nor does the objective character of legal interpretation arise from agreement ».[260] Or, il existe des standards objectifs permettant de trancher les désaccords. Certains standards sont procéduraux, d'autres sont substantiels. Les standards procéduraux définissent la fonction judiciaire et ses vertus : justifier les décisions par de bonnes raisons qui transcendent les préférences des juges, des parties ou des groupes politiques particuliers, l'impartialité, l'indépendance, l'écoute des parties, etc.[261] Les standards substantiels correspondent à la « morale publique ». Il existe des normes et des valeurs substantielles objectives que les conventions attribuent au droit dans son ensemble ; quelque chose comme un *telos*, indépendamment des buts spécifiques attribués aux textes de loi litigieux.

Selon Fiss, le droit – notamment le droit constitutionnel – incarne des « valeurs publiques ». Les juristes doivent donc prendre le droit « as public ideal... on its own terms »[262] et donner à ces valeurs une signification concrète conformément aux règles disciplinaires. Cela implique qu'ils doivent croire « in public values and the willingness to act on them ».[263] Autrement, les juges régleraient les litiges *hic* et *nunc* par voie d'autorité, mais le droit serait « without inspiration ». Cela signifierait, dit-il, « the death of the law, as we have known it throughout history, and as we have come to admire it ».[264] Selon lui, le nihilisme juridique qu'il voyait poindre dans les universités américaines ne découlait pas tant de l'incapacité des tribunaux de nous rapprocher du « correct understanding of our constitutional values », mais « from the frail quality of our substantive vision. We have lost our confidence ... in the existence of any public values. All is preference. ... Only once we reassert our belief in the existence of public values, that values ... can have a true and important meaning. »[265]

---

[259] *Id.*, 754.

[260] *Id.*, 751-752 « ...Neither the objectivity nor the correctness of *Brown* v. *Board of Education* depends on the unanimity of the justices, and much less on the willingness of the people – all the people, or most of the people – then or even now – to agree with that decision. »

[261] Fiss, supra note 252, 13-14.

[262] Fiss, supra note 249, 2.

[263] *Id.*, 14.

[264] *Id.*, 16.

[265] Fiss, supra note 252, 16-17.

3.

Les réflexions contemporaines en philosophie du droit tendent à montrer qu'il existe des contraintes internes à la pratique d'interprétation qui pèsent sur le processus d'interprétation. Ces contraintes sont conventionnelles et, de ce fait, objectives. Si elles peuvent varier selon les systèmes et les cultures juridiques, dans tous les cas, elles énoncent les critères d'une bonne interprétation. Ces critères contribuent à la détermination du *contenu normatif du droit*. En cela, ils constituent des critères de validité des « normes » juridiques : ils permettent d'établir celles qui, parmi toutes les interprétations proposées, ont « force de loi ».

Dans la mesure où il existe de tels critères dans tous les systèmes juridiques qui reconnaissent l'autorité de textes de loi, une théorie « générale » et « descriptive » du droit qui n'en rend pas compte serait insuffisante et, pour ce motif, elle ne saurait être rationnellement acceptable. Cela est particulièrement critique si la théorie conçoit le droit comme « un système normatif capable de *guider* la conduite et de *critiquer* les écarts de comportement », comme le soutient Hart. Or, sa théorie générale et descriptive n'en rend pas compte. Peut-on combler cette lacune ? J'aborde ce point à la prochaine section.

4. Le statut juridique des conventions d'interprétation

Hart, on l'a vu, n'avait pas pour objet d'études la nature profonde ou interne de l'interprétation juridique. Il ne semble donc pas rationnel d'accepter sa théorie du droit comme si elle montrait qu'il n'y a rien de plus à dire à ce sujet que ce qu'il en a dit lui-même. Cela dit, les quelques propositions qu'il a énoncées sur le sujet au chapitre IX de son ouvrage *The Concept of Law* admettent l'existence de contraintes qui pèsent sur le pouvoir créateur des juges, contribuant à rendre leur interprétation « acceptable as the reasoned product of informed impartial choice ».[266] Ces contraintes conditionneraient même l'exercice légitime de leur pouvoir créateur.[267] Cependant, selon lui, elles ne lient pas juridiquement les interprètes : ce ne sont pas des règles de droit valides. Ce sont des considérations extrajuridiques qui ne changent rien à l'indétermination intrinsèque ou naturelle

---

[266] Hart, supra note 4, p. 200. Voir : supra le texte accompagnant les notes 224-230.

[267] « [If the judge] satisfies these conditions, écrit-il, he is *entitled* to follow standards or reasons for decision which are not dictated by the law and may differ from those followed by other judges faced with similar hard cases ». Hart, supra note 119, à la p. 273.

des textes de loi litigieux. Elles peuvent réduire la marge de créativité laissée aux interprètes causée par le langage ordinaire, mais elles ne l'éliminent pas.

Mon objectif, dans cette section, est de montrer que les contraintes internes à la pratique d'interprétation ont un statut « juridique » au même titre que les critères de validité qui réfèrent aux sources ou aux pedigrees. Plus précisément, je soutiens que la situation sociale complexe dans laquelle une règle de reconnaissance est acceptée et utilisée pour identifier les règles de droit est à toutes fins utiles la même que celle dans laquelle des règles conventionnelles sont acceptées et utilisées pour interpréter les textes de loi litigieux. Certains critères permettent d'identifier la *forme* des règles de droit valides, les autres permettent d'identifier leur *contenu normatif* – sans lequel les règles ne pourraient pas atteindre le but du droit, soit guider la conduite humaine ni servir de standards pour la critique de telles conduites.[268] Pour ce motif, une théorie générale et descriptive du droit devrait en tenir compte. Puisque mon objectif est de dialoguer avec la théorie du pluralisme juridique, mon argumentation partira de la théorie du droit proposée par Hart.

1.

Selon Hart, je le rappelle, les fondements du droit résident dans une situation sociale complexe dans laquelle une ou plusieurs règles sociales de reconnaissance sont acceptées et utilisées pour identifier les (autres) règles de droit. Ces règles sociales sont conventionnelles ; chacune constituant une forme de « règle judiciaire coutumière ».[269] Elles existent si les citoyens obéissent généralement aux règles de droit qu'elles permettent d'identifier et si les personnes en autorité dans la société les acceptent et agissent en conséquence.[270] L'acceptation se manifeste par une convergence des comportements et par une attitude normative de réflexion critique chez les personnes en autorité, notamment les juges, lorsqu'ils déterminent les règles de droit applicables aux cas d'espèce.[271] Les règles

---

[268] *Id.*, p. 249.

[269] *Id.*, p. 256.

[270] Hart, supra note 4, à la p. 113.

[271] *Id.* Voir, aussi : Hart, supra note 119, p. 255 : « The account I have given of these has become known as 'the practice theory' of rules because it treats the social rules of a group as constituted by a form of social practice comprising both patterns of conduct

de reconnaissance sont donc des questions de fait. Il s'ensuit que l'existence, l'identification, le contenu, de même que la force normative du droit ne dépendent pas d'une évaluation morale, comme dans la théorie classique du droit naturel, ni des préférences de chacun sur ce que le droit « devrait être », comme dans les théories réalistes ou sceptiques, mais des « conventions sociales ». Pour ce motif, la théorie de Hart satisfait à l'un des principes constitutifs du positivisme juridique, le principe de la séparation du droit et de la morale selon lequel « il n'y a pas de lien conceptuel et nécessaire entre le droit et la morale ».[272]

Découle-t-il que les règles de reconnaissance peuvent avoir n'importe quel contenu ? Ou bien, pour quelque raison, leur contenu est-il nécessairement limité aux critères de validité qui réfèrent aux sources ou aux pedigrees des règles ? Cette question fait l'objet de vifs débats entre théoriciens positivistes, précisément pour le motif que la réponse pourrait remettre en cause le principe de la séparation du droit et de la morale.[273] Les débats sont assez techniques et contiennent diverses ramifications normatives et conceptuelles. En gros, deux camps s'affrontent : le positivisme « exclusif » (« hard » ou « plain-fact positivism ») et le positivisme « inclusif » (« soft » ou « incorporationist »).

Selon le positivisme exclusif, les critères de validité consistent exclusivement en des faits sociaux observables et vérifiables, conformément à ce que Raz a nommé la « thèse des sources » : l'existence et le contenu du droit doivent être déterminés exclusivement par référence au pedigree ou à la manière dont les règles sont créées, adoptées ou modifiées (lois du parlement, décisions judiciaires, coutumes), sans avoir recours à des principes moraux ou évaluatifs. La justification, selon lui, repose sur l'idée que le droit possède par nature une prétention à *l'autorité* et que pour cela on doit pouvoir l'identifier sans avoir à juger son mérite sur le plan moral ou autrement normatif.[274] Selon le positivisme inclusif, les critères de validité

---

regularly followed by most members of the group and a distinctive normative attitude to such patterns of conduct which I have called 'acceptance.'».

[272] Voir: *id.*, chap. 9, p. 181 : « it is in no sense a necessary truth that laws reproduce or satisfy certain demands of morality ».

[273] Ces débats tirent leur origine dans diverses tentatives de répondre aux critiques formulées par Ronald Dworkin, notamment sur la nature de la règle de reconnaissance. Voir: Dworkin, *supra* note 237, chap. 1 et 2.

[274] Voir: Raz, *supra* notes 126, 248 et 208. Selon Raz, la meilleure explication de la notion « d'autorité » a été offerte par John Lucas : « A man, or body of men, *has authority* if it follows from his saying 'Let X happen', that X ought to happen ». Voir: Raz,

peuvent inclure des principes moraux et des valeurs substantielles de sorte que la validité juridique des règles pourrait dépendre de la conformité de leur *contenu* à de tels principes et valeurs.[275]

Après un certain flottement, Hart a confirmé que sa conception du positivisme juridique participait du positivisme «inclusif».[276] S'il pouvait donner l'impression d'adhérer à la thèse des sources, les choses sont maintenant claires. Selon lui, aucune restriction logique ne pèse sur le contenu des règles de reconnaissance.[277] C'est toujours une question de fait et, par conséquent, son contenu peut varier d'une juridiction à l'autre selon la pratique effective des citoyens et des personnes en autorité. Les règles de reconnaissance pourraient donc incorporer des principes moraux ou des valeurs substantielles directement – en énonçant, par exemple, que «les règles de conduite qui correspondent au principe du bon samaritain sont du droit» – ou indirectement via les sources formelles reconnues qui énoncent quelque critère moral de validité, telle que les Chartes des droits énonçant que «les lois incompatibles avec le droit à la liberté de conscience ne sont pas valides». Dans le premier cas, la conformité d'une règle avec la morale serait une condition *suffisante* de sa validité. Dans le second cas, elle serait une condition *nécessaire*, mais insuffisante, car la contrainte morale s'ajouterait aux critères de validité qui réfèrent aux sources. La validité des règles de droit peut donc dépendre de leur contenu, soit totalement soit partiellement.

À partir d'ici, les choses se compliquent. Car s'il est vrai qu'une règle peut être valide en droit dès lors qu'elle est conforme à la morale – si cette condition est *suffisante* – alors, une règle morale peut posséder un statut

---

The Authority of Law, supra note 126, 11. Sur la notion d'autorité, voir : Joseph Raz (ed.), *Authority*, New York University Press, 1990. Sur le positivisme exclusif, voir aussi : Scott J. Shapiro, «On Hart's Way Out», dans Jules L. Coleman (dir.), *Hart's Postscript*, Oxford University Press, 2005, chap. 5 ; Andrei Marmor, «Legal Conventionalism», *id.*, chap. 6.

[275] Voir : Jules Coleman, «Negative and Positive Positivism», (1982) 11 *Journal of Legal Studies* 139 ; Jules Coleman, *The Practice of Principle* (2001) ; David Lyons, «Principles, Positivism, and Legal Theory», (1977) 87 *Yale L.J.* 415 ; Philip Soper, «Legal Theory and the Obligation of a Judge : the Hart/Dworkin Dispute», (1977) 75 *Michigan L.R.* 473 ; Wilfrid Waluchow, *Inclusive Legal Positivism*, Oxford, Clarendon Press, 1994 ; Neil MacCormick, *Legal reasoning and Legal theory*, Oxford, Clarendon Press, 1978.

[276] Voir : Hart, supra note 119, p. 247 et 250 et suiv. et 269. Voir aussi : Hart, supra note 4, p. 92 ; Hart, supra note 221, 598.

[277] H.L.A Hart, «Book Review of The Morality of Law», (1965) 78 *Harv. L. R.* 361.

juridique par elle-même, indépendamment de toutes sources formelles. Par conséquent, l'identification du droit peut dépendre uniquement d'un bon raisonnement moral. Est-ce là une position qu'un positiviste cohérent peut tenir ? Est-ce que cela ne contredit pas le principe de la « séparation du droit et de la morale » ? N'est-ce pas un retour aux doctrines du droit naturel ? Plusieurs positivistes le croient et c'est l'une des raisons pourquoi ils souscrivent au positivisme exclusif.

Pour nos fins, il n'est pas nécessaire d'examiner les arguments avancés de part et d'autre et de trancher.[278] Il suffit de s'en tenir à la position de Hart. Selon lui, le positivisme inclusif n'est pas incohérent, car il n'y a pas d'incohérence entre une théorie conventionnaliste du droit et le fait qu'une convention sociale dispose que les principes de la morale et autres valeurs substantielles constituent des critères de validité du droit : ce qui confère à ces principes ou valeurs une force normative en droit ne réside pas dans leur mérite moral ou intrinsèque, comme dans la doctrine classique du droit naturel, mais dans la pratique sociale dans laquelle la règle de reconnaissance qui y réfère est acceptée et utilisée pour identifier les règles de droit valides. C'est une question de fait.

Pour ce motif, Hart soutient qu'une théorie générale et descriptive du droit n'a pas à tenir compte des principes moraux et des valeurs substantielles : ce type de critères de validité est *contingent* aux systèmes juridiques ; ils ne constituent pas des propriétés universelles constitutives de la *nature* du droit et, par conséquent, le principe positiviste selon lequel il n'y a pas de lien conceptuel et nécessaire entre le droit et la morale est sauf.

2.

Mais il demeure une difficulté. S'il est vrai qu'il n'existe aucune restriction logique au contenu des règles de reconnaissance, les critères d'une bonne interprétation pourraient-ils former une ou plusieurs règles de reconnaissance (ou un aspect de celles-ci) au même titre que les critères de validité qui réfèrent aux sources ou aux pedigrees des règles de droit ? Je soumets que la réponse est affirmative.

---

[278] Voir à ce sujet les études dans Coleman, supra note 274 ; ainsi que celles de Andrei Marmor et Kenneth Einar Himma, dans Jules Coleman et Scott Shapiro (dir.), *The Oxford Handbook of Jurisprudence and Philosophy of Law*, Oxford University Press, 2002.

Tout d'abord, ces critères peuvent constituer des règles conventionnelles telles que Hart les entend. Pour que de telles règles puissent exister, je le rappelle, il doit exister une pratique sociale constituée d'une convergence de comportements reconnus comme standards de conduite, ainsi que d'une attitude normative de réflexion critique à l'égard des écarts de conduite. Dans ces cas, «the general conformity of a group to (the rule) is part of the reasons which its individual members have for acceptance».[279] Pour déterminer s'il existe de telles conventions en fait, il importe donc d'observer la pratique sociale. Mais il ne suffit pas de l'observer d'un point de vue externe, comme un scientifique positiviste le ferait, mais de l'observer en tenant compte ce que Hart nomme «l'aspect interne des règles», c'est-à-dire, la manière dont les juges ou les personnes en autorité perçoivent la pratique à laquelle ils participent et adoptent une attitude de réflexion critique.[280] La raison est que les pratiques sociales ne sont pas que des faits bruts; elles servent des buts humains ou possèdent quelque raison d'être, même si cela n'est pas immédiatement visible. L'approche doit être «herméneutique»: le théoricien observateur doit tenir compte du point de vue interne des règles sans pour autant devoir les accepter lui-même.[281]

Or, il existe de bonnes raisons de croire que les contraintes interprétatives du type de celles auxquelles réfèrent Hart, Fiss, Côté et autres constituent d'authentiques conventions sociales au sens proposé par Hart. D'une part, elles informent réellement les interprétations proposées. D'autre part, elles justifient les jugements critiques des interprétations qui ne s'y conforment pas. Dans certains cas, les critiques avancées à l'égard des interprétations qui s'en écartent sont si fortes, qu'on pourrait soutenir que les conventions interprétatives imposent d'authentiques «obligations» au sens proposé par Hart.[282] Pensons, par exemple, à toutes ces interprétations proposées ou retenues que l'on critique pour le motif qu'elles contreviennent, voire menacent le «maintien de la vie sociale», telle que la démocratie, la justice, la morale, l'ordre, la liberté, les droits fondamentaux, l'équilibre fédéral, etc. En tout état de cause, la conformité de la pratique de l'interpréta-

---

[279] Hart, supra note 119, p. 255.

[280] Hart, supra note 4, p. 86-87.

[281] Hart, supra note 102, p. 13.

[282] Pour qu'une règle sociale puisse imposer une «obligation», la conduite requise par la règle doit être appuyée par une pression sociale insistante et forte; elle doit être jugée importante au maintien de la vie sociale ou de quelque autre de ses aspects désirables; et elle peut être en conflit avec les intérêts ou les objectifs des sujets. Hart, supra note 4, p. 83-86.

tion aux contraintes interprétatives (règles disciplinaires, etc.) constitue une partie des raisons pour lesquelles les juristes, les juges et les administrateurs les acceptent.

Hart serait-il d'accord? Rappelons que son objet d'études n'était pas l'interprétation juridique. On pourrait donc croire que ses affirmations à propos des contraintes interprétatives résultaient simplement d'une observation de la régularité des comportements des juges, c'est-à-dire, de «l'aspect externe des règles». Cependant, il a laissé entendre que ces contraintes étaient «obligatoires». Il lui fallait donc minimalement supposer que, d'un point de vue interne, les interprètes les perçoivent à la fois comme des guides de conduite et comme des standards critiques.

Quoi qu'il en soit, au moins certaines contraintes interprétatives constituent d'authentiques règles sociales conventionnelles prenant la forme de règles coutumières judiciaires. Elles sont le résultat de plusieurs siècles de pratique juridique, de décisions judiciaires, de réflexions, de débats, de critiques et de révolutions. Certaines d'entre elles ont été codifiées dans des lois sur l'interprétation, énoncées dans des préambules de textes de loi ou affirmées explicitement dans la jurisprudence. Or, rien de tout cela ne les réduit à de simples règles dont l'existence résulterait d'actes «formels» (lois, préambules, décisions judiciaires) posés par des institutions politiques reconnues ou par des personnes en autorité. Comme le disait Hart avec justesse: «Canons of 'interpretation'... cannot, any more than other rules, provide for their own interpretation».[283] Le statut des contraintes interprétatives qui nous concernent est indépendant: elles sont apparues de manière plus ou moins informelle dans la pratique juridique d'une communauté.

3.

Je voudrais maintenant montrer qu'au moins certaines conventions d'interprétation constituent une ou plusieurs règles de reconnaissance. Tout d'abord, leur fonction est semblable à celle des critères de validité qui réfèrent aux sources ou aux pedigrees des règles. En permettant de déterminer parmi toutes les interprétations proposées d'un texte de loi litigieux, laquelle est la meilleure, elles permettent d'identifier parmi toutes les normes plausibles ou raisonnables, lesquelles sont «valides en droit». En d'autres mots, en énonçant les critères d'une bonne interprétation, les conventions

---

[283] *Id.*, p. 123.

ne permettent pas seulement de déterminer le contenu normatif des règles ; elles énoncent aussi les « critères de validité des *normes juridiques* » qui doivent être appliquées dans un cas donné. Elles énoncent, à proprement parler, comme dit Hart, « the tests for identifying what is to count as law ».[284] Comme toutes les autres règles de reconnaissance, elles spécifient « some feature or features possession of which by a suggested rule is taken as a conclusive affirmative indication that it is a rule of the group to be supported by the social pressure it exerts ».[285]

4.

On pourrait vouloir maintenir une distinction conceptuelle entre la « validité » d'une règle et son « interprétation ». Mais il arrive un point, du moins à certaines fins, où cette distinction devient immatérielle, car les critères d'une bonne interprétation d'un texte de loi litigieux font partie des critères qui permettent effectivement d'établir quelles normes sont valides en droit. Ce n'est évidemment pas la manière dont les positivistes conçoivent la chose. Pour eux, la validité juridique d'une interprétation dépend de sa source formelle, soit la décision judiciaire qui la sanctionne. Pourtant, en pratique, les critères d'une bonne interprétation constituent d'authentiques critères d'identification de la norme juridique que les personnes en autorité sont tenues d'appliquer.

Supposons deux interprétations plausibles de la règle de droit valide qui interdit les « véhicules » dans un parc : « R1 : interdiction des automobiles et des motocyclettes », « R2 : interdiction des automobiles, des motocyclettes et des téléphones cellulaires ». Dès lors, R1 et R2 constituent deux normes concurrentes plausibles du même texte et l'objectif du processus d'interprétation est de déterminer laquelle des deux est la bonne, compte tenu des critères d'une bonne interprétation. Ces critères constituent en

---

[284] *Id.*, p. 102.

[285] *Id.*, p. 92. Plus spécifiquement, elles pourraient faire partie de ce que Hart a nommé les « rules of adjudication » qui forment aussi une règle de reconnaissance. *Id.*, p. 94-95 : « the rule which confers jurisdiction will also be a rule of recognition, identifying the primary rules through the judgements of the courts and these judgements will become a 'source' of law ». Ces règles confèrent à des individus le pouvoir de rendre des décisions qui font autorité dans des litiges (elles sont relatives à des pouvoirs et non pas à des obligations). Elles peuvent aussi définir la procédure à suivre. Or, les procédures peuvent énoncer les critères d'une bonne interprétation en tant que conditions d'exercice du pouvoir conféré.

fait une forme de *procédure* ou de *test procédural* permettant d'établir ou d'identifier laquelle des deux normes est *valide* en droit. En cela, ils constituent des critères de validité. Leur fonction, on le voit, est semblable à celle des critères de validité qui réfèrent aux sources : ces critères servent aussi de test procédural permettant d'établir ou d'identifier, parmi toutes les règles sociales existantes, lesquelles sont valides en droit. Dans les deux cas, leur fondement est conventionnel.

Puisque les règles de reconnaissance peuvent prendre toutes sortes de forme, simple ou complexe et qu'il n'existe pas de restriction logique à leur contenu, il serait arbitraire de les réduire aux seuls critères qui réfèrent aux sources.[286] En pratique, les juges utilisent les critères de validité formelle et les critères d'une bonne interprétation pour identifier les normes qu'ils sont tenus d'appliquer dans un cas donné : les premiers sont utilisés pour identifier ce qui doit être considéré comme du droit en énonçant des conditions de forme ; les seconds sont utilisés pour identifier ce qui doit être considéré comme du droit en énonçant des conditions de fond, notamment lorsqu'il y a un litige. Les deux types de critères contribuent ensemble à établir la *norme juridique* – fond et forme. Ils forment chacun des règles secondaires de reconnaissance. En ce sens, ils participent également de cette pratique sociale qui constitue les *fondements du droit* : on pourrait dire que « [it] is this situation which deserves, if anything does, to be called the foundations of a legal system ».[287]

Par conséquent, les règles de reconnaissance qui énoncent les critères d'une bonne interprétation ne sont pas qu'un simple « fait social ». Elles constituent aussi du « droit » en vertu de sa participation aux règles qui énoncent les critères ultimes et fondamentaux d'identification des normes du système du point de vue interne de ceux qui les utilisent pour identifier celles qu'ils doivent appliquer. De ce point de vue, les conventions d'interprétation sont un aspect constitutif du système juridique : elles ne sont pas de simples coutumes judiciaires d'ordre méthodologique séparées du droit ; elles *sont* du droit.[288]

---

[286] Dans un sens semblable, voir : Jean-Yves Chérot, « Le droit comme pratique normative », dans Devinat et Beaulac, supra note 1, notamment p. 70-74. Bien entendu, on pourrait réduire les règles de reconnaissance aux seuls critères qui réfèrent aux sources sur la base de considérations normatives et conceptuelles, comme l'a soutenu Joseph Raz en faveur du positivisme exclusif.

[287] Hart, supra note 4, p. 97.

[288] *Id.*, p. 104-108.

5.

Pour être rationnellement acceptable, une théorie conventionnaliste du droit devrait donc tenir compte, non seulement des conventions sociales qui déterminent les critères de validité qui permettent d'identifier les règles formelles, mais aussi de celles qui déterminent les critères d'une bonne interprétation permettant d'identifier le contenu normatif des règles formellement valides. La théorie de Hart ne s'occupe que des premières. Elle tient compte du point de vue interne des personnes en autorité en vue d'établir leur existence et leur force normative, mais ne tient pas compte du même point de vue pour expliquer l'existence et la force normative des secondes. Elle indique comment trouver la boîte du Petit Prince, mais pas le mouton. Pour ce motif, elle est insuffisante. Il n'est donc pas rationnel de l'accepter dès lors qu'on se propose comme but de rendre compte, de décrire ou d'expliquer adéquatement la nature profonde ou interne de l'interprétation des textes de loi litigieux.

On pourrait avancer deux objections à ce qui précède. La première est qu'une théorie *générale* du droit doit avoir une portée universelle ; elle ne doit être liée à aucun système juridique ou culture juridique en particulier. Or, les critères d'une bonne interprétation ne peuvent pas former un aspect constitutif d'une telle théorie, car ils peuvent varier selon les systèmes juridiques : puisqu'ils sont contingents, ils ne constituent pas un aspect distinctif de la nature du droit. Il faudrait donc s'abstenir de proposer une théorie générale de l'interprétation en droit.

À cette objection, deux réponses peuvent être avancées. La première est que s'il existe des conventions d'interprétation dans tous les systèmes juridiques modernes, ce fait pourrait être considéré comme suffisamment universel pour être représenté dans une théorie générale du droit. Il ne faut pas confondre la variété des critères d'une bonne interprétation avec le fait qu'il en existe dans tous les systèmes juridiques ; pas plus qu'il ne faut confondre la diversité des critères de validité qui réfèrent aux sources avec le fait qu'il existe partout de tels critères. La seconde réponse est qu'il y a des raisons de croire que Hart admettait lui-même le caractère universel (ou quasi universel) des contraintes interprétatives auxquelles il référait. Par exemple, il affirmait que « the loose and changing tradition or canons of interpretation, which in most systems govern interpretation, often vaguely incorporate them ».[289] Bien que cette affirmation concernait une question

---

[289] *Id.*, p. 200.

de fait, il est probable que Hart avait raison, du moins en ce qui concerne tous les systèmes juridiques modernes.

La deuxième objection est plus prévisible. Elle irait comme suit : « même si tout ce qui précède était admis, les contraintes interprétatives n'élimineraient pas l'exercice du pouvoir créateur des interprètes, bien qu'elles puissent le réduire. La raison est que les contraintes peuvent elles-mêmes être en conflit ou sujettes à interprétation et il n'existe pas un unique ordre de priorité entre eux ». La réponse à cette objection est que c'est une question de fait selon qu'il existe ou non des critères conventionnels *décisifs* d'une bonne interprétation. Existe-t-il de tels critères ? Je soumets qu'il en existe, même s'ils ne sont pas immédiatement visibles. J'aborde ce point au prochain chapitre.

Chapitre VI
Le juste et le bien

Dans ce dernier chapitre, je pose l'hypothèse qu'il existe des conventions sociales qui énoncent les critères *décisifs* d'une bonne interprétation en droit et j'avance des considérations qui l'appuient. Ces critères réfèrent aux considérations, aux principes ou aux standards qui permettent de déterminer la meilleure interprétation d'un texte de loi litigieux dans un contexte donné, c'est-à-dire, la seule dont on puisse dire qu'elle est la bonne, correcte ou vraie. Ces critères sont internes à la pratique d'interprétation et leurs racines puisent aux sources morales et philosophiques de la tradition juridique occidentale. Ils résident dans la notion de *cohérence* et, ultimement, dans les notions du *juste* et du *bien*. Mon objectif dans ce chapitre est d'exposer la teneur de cette hypothèse dans ses grandes lignes.[290]

1. Le point de départ: P.A. Côté et les conventions

Prenons comme point de départ la théorie «conventionnaliste» de l'interprétation des lois avancée par Pierre-André Côté en 1990. Cette théorie est bien connue des juristes canadiens. Elle participe du tournant interprétatif et ses prémisses sont semblables à celles de la théorie d'Owen Fiss. Cependant, et je le dis avec le plus grand respect, elle s'arrête en chemin.[291]

---

[290] Ce dernier chapitre comprime, poursuit et précise certains aspects des thèses sur la cohérence, le juste et le bien avancées dans mes travaux antérieurs. Voir: *The Rule of Law, Justice, and Interpretation*, supra note 2. Pour une liste sélective de ces travaux, voir l'annexe.

[291] Voir: Côté, supra notes 6, 8 et 12 reproduite dans son remarquable traité *Interprétation des lois* (mis à jour en 2021 en collaboration avec Mathieu Devinat, 5ᵉ éd.). Voir mes critiques dans: Tremblay, supra note 1. Voir aussi: supra chapitre I.

1.

Selon la théorie de Côté, le sens que les juristes attribuent aux textes juridiques est toujours le produit d'une interprétation : « [q]ue le texte soit précis ou flou, écrit-il, c'est de l'activité d'interprétation que naît le sens ».[292] Le processus d'interprétation est donc à l'œuvre dès que nous abordons la lecture d'un texte de loi, qu'il soit clair ou obscur.

Cependant, l'activité d'interprétation n'est pas entièrement libre. Elle est, dit-il, une « création sujette à des contraintes ». L'interprétation est guidée ou encadrée par un ensemble de conventions sociales qui contraignent les interprètes qui appartiennent à la communauté d'interprétation qui les accepte. Ces conventions d'interprétation ont deux fonctions. Ils établissent les objectifs ou les buts que vise l'activité même d'interpréter les textes de loi (découvrir l'intention du législateur, par exemple) et ils énoncent les divers facteurs ou arguments dont il faut tenir compte à cette fin (les mots utilisés, les objectifs que visent les textes de loi, les conséquences probables de son application, les autorités, et ainsi de suite).[293]

Une interprétation fondée sur de telles conventions, soutient-il, n'est pas purement subjective : elle atteint « une certaine mesure d'objectivité puisqu'elle est faite par référence à des conventions, à des normes méthodologiques objectives qui sont censées connues des membres de la communauté d'interprétation à laquelle je prétends appartenir ».[294] Ainsi, lorsque les conventions d'interprétation pointent vers un seul sens, le sens est « clair » : ce sens est celui « qu'un interprète normal ne pourrait pas ne pas retenir ».[295] « Lorsque j'affirme qu'un texte est clair, je ne m'exprime pas d'un point de vue entièrement subjectif. Cette appréciation est faite à la lumière des principes d'interprétation auxquels aurait recours un interprète 'normal' ou 'raisonnable' du texte. ».[296]

Cependant, lorsque les conventions d'interprétation pointent dans des directions différentes et contradictoires, notamment en raison du poids différent que les interprètes confèrent aux objectifs et aux facteurs pertinents,

---

[292] Côté, supra note 10, p. 113.

[293] *Id.*, 112.

[294] *Id.*, 117.

[295] *Id.*, 114. Au chapitre I, j'ai soutenu que l'interprétation retenue pouvait, en conséquence, être dite « correcte » et que la proposition qui l'exprime dite « vraie ». Voir : supra le texte accompagnant la note 19.

[296] *Id.*, 117.

ces conventions semblent soutenir une pluralité d'interprétations concurrentes : le dictionnaire peut indiquer une chose, l'intention du législateur une autre chose, le but encore une autre, un précédent une autre, et ainsi de suite. Dès lors, le sens est « obscur » et l'on fait face à un conflit d'interprétation. Est-il néanmoins possible d'établir « objectivement » sur la base de quelque convention d'interprétation décisive une interprétation « correcte » et, corrélativement, la vérité de la proposition qui l'exprimerait ? Fiss croyait que oui. Côté répond que non.

Selon Côté, la question fondamentale n'est pas de savoir si une interprétation est correcte ou incorrecte ou si une proposition interprétative est vraie ou fausse. Elle est de savoir si les interprétations proposées sont « valides » ou « invalides ». La distinction, si je l'entends bien, est la suivante : 1/ la *vérité* d'une proposition interprétative dépend de sa correspondance à un fait extérieur objectif, en l'occurrence, le « sens véritable » du texte de loi litigieux, tel que fixé par l'intention de l'auteur ; 2/ la *validité* d'une interprétation, en revanche, dépend de son soutien à l'intérieur d'un système normatif indépendant du texte de loi litigieux, en l'occurrence, l'ensemble des conventions interprétatives. Une interprétation est valide si les conventions la justifient. Ainsi, soutient-il, lorsqu'il y a litige, « [il] ne s'agit pas de savoir si l'interprétation est *vraie* : on doit vérifier si elle est *valide*, c'est-à-dire si elle pouvait être retenue compte tenu du libellé de la disposition interprétée ainsi que des conventions qui prescrivent la méthode d'interprétation acceptée par la communauté juridique ».[297]

Il s'ensuit, selon Côté, qu'un interprète qui a retenu une interprétation valide entendue en ce sens a fait « un usage légitime du pouvoir qui lui était donné d'attribuer un sens au texte ».[298] Mais comment savoir qu'une interprétation peut être retenue compte tenu des conventions d'interprétation ? Existe-t-il quelques critères permettant de déterminer si une interprétation est valide ? Côté répond oui. Une interprétation est valide si, compte tenu des conventions d'interprétation, elle est « raisonnable ».[299] Le critère de validité est donc le « raisonnable ». Mais qu'est-ce que le raisonnable ? C'est, selon Côté, ce qui est « plus ou moins justifiable, acceptable, soutenable, défendable, 'plaidable' ».[300] On pourrait dire, me semble-t-il, qu'une interprétation est raisonnable dès lors qu'il existe un lien rationnel entre

---

[297] *Id.*, 114.
[298] *Id.*
[299] *Id.*
[300] *Id.*

elle et les conventions d'interprétation. Autrement, l'idée que des contraintes conventionnelles pèsent sur le processus d'interprétation serait dénuée de sens. Un interprète qui retient une interprétation « raisonnable » ferait donc un usage légitime du pouvoir qui lui est donné d'attribuer un sens au texte.

Lorsque les conventions interprétatives pointent vers une seule interprétation raisonnable, cette dernière est nécessairement valide et l'interprète qui la retient agit donc légitimement. Mais qu'en est-il lorsque les conventions d'interprétation soutiennent, en apparence du moins, une pluralité d'interprétations raisonnables d'un même texte de loi ? Qu'en est-il de la légitimité des interprétations retenues ? La théorie de Côté pose une difficulté.[301] D'une part, elle semble soutenir que toutes les interprétations raisonnables sont valides. Elles seraient donc toutes également légitimes – car comme on vient de le voir, un interprète qui retient une interprétation valide suffit pour affirmer qu'il fait un usage légitime du pouvoir qui lui est donné d'attribuer un sens au texte.[302] Le critère de légitimité serait donc, fondamentalement, le « raisonnable » ou le caractère raisonnable de l'interprétation retenue, compte tenu des conventions d'interprétation.

D'autre part, Côté soutient aussi que face à une pluralité d'interprétations raisonnables, nous devons rechercher celle qui est « préférable ». Et si l'on est en désaccord à propos de celle qui est préférable, alors on peut demander à un juge ou à un arbitre impartial de trancher.[303] Dans cette hypothèse, le juge ou l'arbitre impartial devrait donc rechercher l'interprétation préférable, soit le meilleur sens du texte litigieux, et non pas une interprétation raisonnable ou valide parmi d'autres. Ainsi, l'interprète ou l'arbitre qui choisirait simplement une interprétation valide parmi d'autres ne ferait pas un usage légitime de son pouvoir d'attribuer un sens au texte. Le critère de légitimité ne serait donc pas le « raisonnable » ni le caractère raisonnable de l'interprétation retenue, comme on pouvait le croire ; ce serait le « préférable » ou « l'interprétation préférable ».

Mais à quoi reconnaît-on l'interprétation préférable d'un texte litigieux ? Existe-t-il quelque critère du « préférable » ? La théorie de Côté n'en propose aucun.[304] Ce en vertu de quoi une interprétation raisonnable est jugée préférable à une autre pourrait donc relever du pouvoir discrétionnaire des

---

[301] Voir : mes critiques dans Tremblay, « La norme de retenue judiciaire », supra note 1 ; Tremblay, « Le droit a-t-il un sens ? », supra note 1.

[302] Côté, supra note 10.

[303] *Id.*, 115.

[304] *Id.*

interprètes, de leur sentiment personnel ou de leurs préférences subjectives : l'interprétation « préférable » serait celle que « préfèrent » les interprètes. Ce serait une question *d'opinion*. Le cas échéant, le critère du préférable n'ajouterait rien de substantiel au critère du raisonnable. C'est probablement pourquoi, à l'instar de Morissette, Côté soutient que la décision du juge ou de l'arbitre impartial appelé à trancher « serait réputée exprimer le 'vrai sens' du texte ». En d'autres mots, la vérité de l'interprétation se réduirait à une question de *pouvoir* : « [la] vérité du sens dépendrait ... du pouvoir que les institutions reconnaissent à certains interprètes de faire prévaloir leur conception de ce qui constitue le meilleur sens d'un texte ».[305]

2.

Les prémisses de la théorie de Côté sont parfaitement acceptables. Cependant, l'analyse s'arrête aux portes du « préférable ». Qu'un juge consciencieux choisisse le sens qu'il estime « préférable » ou le « meilleur » est certainement souhaitable. Mais cela demeure peu éclairant en l'absence de critères permettant de déterminer objectivement et de manière décisive laquelle des interprétations raisonnables est préférable dans un cas donné. Peut-on faire quelques pas de plus ? Je crois que oui.

Les réflexions contemporaines sur la nature de l'interprétation, comme on a vu, tendent à montrer qu'il existe des conventions sociales en vertu desquelles les interprètes lisent, ajustent ou réconcilient un ensemble de considérations et de facteurs qui ont quelque chose de pertinent à dire sur la bonne interprétation d'un texte de loi litigieux. Si on veut saisir ce en vertu de quoi une interprétation raisonnable est finalement considérée préférable, meilleure, bonne, correcte ou vraie, alors il importe de les examiner. La question devient celle de savoir ce en vertu de quoi certaines conventions d'interprétation ont priorité ou plus de poids que les autres ? Cela nous conduit directement à la question de la *justification* : qu'est-ce qui, en général, constitue une bonne raison de prioriser telles conventions dans un cas litigieux donné et, par conséquent, de retenir telle interprétation raisonnable plutôt que telles autres ?

---

[305] *Id.* Comme on le voit, la théorie de Côté aboutit à un résultat assez semblable à celui auquel conduit la théorie de Morissette, bien que ce soit par le chemin du scepticisme juridique *stricto sensu* plutôt que par celui du nihilisme juridique. Voir : supra chapitre I.

Je soumets que la réponse réside dans deux types de critères décisifs. Le premier réside dans la notion de *cohérence*; le second réside dans les notions du *juste* et du *bien*. Ces critères ne sont pas une question d'opinion: ils sont conventionnels et contraignent objectivement le processus d'interprétation juridique. Je les examine maintenant.

2. La cohérence

Le premier critère d'une bonne interprétation réside dans la notion de *cohérence*.[306] J'ai approfondi cette thèse ailleurs et je n'entends pas la reprendre ici.[307] Il suffit de rappeler deux choses. La première est que l'opération pratique par laquelle s'effectue le processus d'interprétation est guidée par un idéal de vérité-cohérence. La seconde est que l'objectif de cette opération consiste à équilibrer d'une manière cohérente l'ensemble des considérations et des facteurs qui ont quelque chose de pertinent à dire sur le sens d'un texte de loi litigieux. À cette fin, chaque considération et chaque facteur pertinent doit recevoir le sens et le poids qui lui convient le mieux compte tenu du sens et du poids des autres considérations et facteurs conventionnels pertinents. Mais ce n'est pas tout. Comme l'écrivait la Cour suprême du Canada dans l'affaire *Vavilov*: il faut lire les termes d'un texte de loi « dans leur contexte global ».[308]

---

[306] Plusieurs auteurs ont relevé l'importance de ce critère. Voir: Israel Scheffler, «On Justification and Commitment», (1954) 51 *J. of Phil.* 180; Rolf Sartorius, «The Justification of the Judicial Decision», (1968) 78 *Ethics* 171; Rolf Sartorius, «Social Policy and Judicial Legislation», (1971) 8 *Am. Phil. Quat. 151*; MacCormick, supra note 275; Neil MacCormick, *Legal Right and Social Democracy*, Oxford, Clarendon Press, 1982; Neil MacCormick, «Coherence in Legal Justification», dans Aleksander Peczenick et al. (dirs.), *Theory of Legal Science*, Boston, Dordrecht, 1984; Ronald Dworkin, *A Matter of Principle*, Cambridge, Harvard University Press, 1984; Dworkin, supra note 150.

[307] Par exemple: Luc B. Tremblay, *The Rule of Law, Justice, and Interpretation*, Montréal, McGill-Queen's University Press, 1997. Dans cet ouvrage, je soutenais que la primauté du droit avait une fonction normative dans le processus d'interprétation juridique. Cette fonction se caractérisait par la recherche d'une cohérence entre l'interprétation retenue d'un texte, le droit conçu comme un tout cohérent à la lumière d'un ensemble de principes unificateurs et une conception cohérente de ce qui est acceptable comme moralement juste dans la communauté, le sens et le poids des uns et des autres se soutenant mutuellement. Voir aussi: Luc B. Tremblay, «L'interprétation téléologique des droits constitutionnels», (1995) 29 *R.J.T.* 459.

[308] *Canada (Ministre de la Citoyenneté et de l'Immigration)* c. *Vavilov*, 2019 CSC 65, par. 117: «il faut lire les termes d'une loi "dans leur contexte global en suivant le

En effet, le sens et le poids relatif des considérations et des facteurs conventionnels les plus immédiats, tels que les textes, les buts et les intentions, ne peuvent être rationnellement établis que dans le cadre plus général des théories et des métathéories d'arrière-plan tenues pour vraies au moment de l'interprétation, incluant le droit dans son ensemble, la théorie constitutionnelle, le droit international, la morale politique, l'éthique, les sciences naturelles, les sciences sociales, l'histoire et la métaphysique.[309] Cela a été explicitement reconnu par la Cour suprême du Canada aux fins du processus d'interprétation téléologique des droits constitutionnels garantis. Dans l'affaire *Big M Drug Mart*, par exemple, la Cour avait énoncé que l'interprétation des droits et des libertés garantis par la Charte consistait à examiner l'objet visé, tel que déterminé «en fonction de la nature et des objectifs plus larges de la Charte elle-même, des termes choisis pour énoncer ce droit ou cette liberté, des origines historiques des concepts enchâssés et, s'il y a lieu, en fonction du sens et de l'objet des autres libertés et droits particuliers qui s'y rattachent selon le texte de la Charte». En particulier, ajoutait la Cour, il ne faut pas oublier que la Charte «n'a pas été adoptée en l'absence de tout contexte». Par conséquent, son interprétation «doit être située dans ses contextes linguistique, philosophique et historique appropriés».[310] Le processus est «cohérentiste».

---

sens ordinaire et grammatical qui s'harmonise avec l'[économie] de la loi, l'objet de la loi et l'intention du législateur"», citant Elmer Driedger, *Construction of Statutes*, 2e éd., Toronto, Butterworths, 1983, p. 87. Cette affirmation est associée au «principe moderne» d'interprétation des lois. À ce sujet, voir les remarquables contributions suivantes: Stéphane Beaulac et Pierre-André Côté, «Driedger's "Modern Principle" at the Supreme Court of Canada: Interpretation, Justification, Legitimization», (2006) 40 *R.J.T.* 131; Stéphane Bernatchez, «De la vérité à l'intersubjectivité et du texte au contexte: vers une conception réflexive de l'interprétation en droit», dans Devinat et Beaulac, supra note 1, à la p. 79-100; Ruth Sullivan, *Driedger on the Construction of Statutes*, 3e éd., Markham, Butterworths, 1994; Stéphane Beaulac, «'Texture ouverte', droit international et interprétation de la Charte canadienne», (2013) 61 *S.C.L.R.* (2d) 191; Stéphane Beaulac, «Constitutional Interpretation», dans Peter Oliver, Patrick Macklem et Nathalie Des Rosiers, *The Oxford Handbook of The Canadian Constitution*, New York, Oxford University Press, 2017, chap. 41.

[309] Comme l'écrivait Sullivan: «the courts must consider and take into account all relevant and admissible indicators of legislative meaning.», *id.*, 131-132. Voir aussi: Tremblay, supra note 307.

[310] *R. c. Big M Drug Mart Ltd.*, [1985] 1 R.C.S. 295, 344, par. 117. Pour une analyse, voir: Tremblay, *id.* Ces mêmes considérations valent en matière d'interprétation des lois. Voir: Beaulac, «Constitutional Interpretation», supra note 308, 871: «empirically,

Il est vrai que le critère de cohérence ne fait généralement pas partie de la liste formelle des considérations et des facteurs qui font l'objet des conventions d'interprétation. Il ne décrit pas la nécessité pour les juges d'élaborer une « méthodologie d'interprétation bien définie et cohérente », car il y a une distinction à faire entre une méthode « cohérente » et une méthode « cohérentiste ».[311] Il ne correspond pas non plus au principe selon lequel un texte de loi litigieux devrait être interprété comme un tout cohérent. Il n'est pas explicitement mentionné dans la description du principe moderne d'interprétation des lois ni dans celle de la méthode téléologique. C'est un critère qui possède un statut *spécial* par rapport aux autres critères conventionnels.[312] Il est de « second ordre » par rapport aux critères de « premier ordre » (suivre le texte, l'intention, le but); il concerne la nature « cohérentiste » de l'acte d'interpréter lui-même. Le critère énonce que nulle interprétation proposée ne saurait être admise à titre de bonne interprétation, à moins d'être soutenue par l'ensemble des considérations et des facteurs qui ont quelque chose de pertinent à dire à ce sujet lorsqu'ils sont harmonisés en un tout cohérent. De ce point de vue, le critère de cohérence n'est pas propre au droit : il est constitutif de toute activité d'interprétation. Sans lui, l'acte d'interpréter ne serait ni possible ni intelligible.

Lorsqu'elles sont intégrées les unes aux autres d'une manière cohérente, compte tenu du « contexte global », les conventions d'interprétation

---

one cannot observe any real or essential distinctions in the methodology applicable to constitutional interpretation and statutory interpretation; the difference that remains is one of weighting (*pondération*) of the different interpretive elements ».

[311] Dans *Québec (Procureure générale)* c. *9147-0732 Québec inc.*, 2020 CSC 32, par. 3, les juges majoritaires référaient à l'importance d'avoir une méthode cohérente, et non pas à une méthode « cohérentiste » : « Comme le souligne Stéphane Beaulac, une méthodologie d'interprétation bien définie et cohérente est nécessaire, car elle est un moyen de promouvoir la primauté du droit, particulièrement grâce à la prévisibilité juridique : "Texture ouverte", droit international et interprétation de la Charte canadienne », supra note 308, p. 192-193 ». L'approche du juge Abella, en revanche, semble appuyer l'approche « cohérentiste ». *Id.*, par. 74 et suiv.

[312] Il est généralement observé par les interprètes et toute dérogation est sujette à la critique. Voir : les critiques réciproques avancées par les juges majoritaires et les juges dissidents dans *Québec (Procureure générale)* c. *9147-0732 Québec inc.*, 2020 CSC 32. Comme le soulignent les juges majoritaires : « Il est important qu'un tribunal fasse montre de cohérence et d'uniformité dans les motifs qu'il expose, parce que les motifs constituent un moyen essentiel pour rendre compte au public de la façon dont il exerce ses pouvoirs. C'est particulièrement le cas pour un sujet aussi fondamental que l'interprétation constitutionnelle. », par. 3. Je suis certain que tous les juges s'accordent sur cette affirmation.

finissent généralement par pointer dans une seule direction : l'interprétation préférable, c'est-à-dire, le meilleur sens. La bonne interprétation résulte ainsi d'un processus cohérentiste et une proposition interprétative est vraie, non pas en vertu de sa correspondance à une réalité extérieure objective, mais en vertu de la cohérence (de convenance, de congruence, d'harmonie, d'intégration) des considérations et des facteurs conventionnels pertinents.[313]

Cela dit, le critère de cohérence est *formel* et *procédural*. À lui seul, il ne peut empêcher une pluralité de lectures cohérentes également valables des conventions d'interprétation.[314] Le cas échéant, le critère n'a rien à dire ; il est amorphe. Or, pour les interprètes consciencieux, il n'existe pas de discontinuité normative entre le jugement selon lequel telle interprétation est la bonne (ou la meilleure), compte tenu des considérations et des facteurs pertinents lus comme un tout cohérent, et le jugement selon lequel cette lecture cohérente des considérations et des facteurs pertinents est la bonne lecture (ou la meilleure). Si, pour un interprète, la bonne interprétation d'une loi se fonde sur la meilleure lecture cohérente possible des considérations et des facteurs pertinents, alors non seulement cette lecture cohérente fournit-elle une bonne raison de choisir cette interprétation, mais il y a aussi de bonnes raisons de retenir cette lecture.

Quelles sont donc ces bonnes raisons ? Comment les juristes déterminent-ils la « meilleure » lecture cohérente ? Existe-t-il quelques critères conventionnels internes à la pratique d'interprétation permettant de l'établir ? Existe-t-il des considérations, des standards ou des principes décisifs qui agissent comme critères d'une bonne lecture cohérente et, par conséquent, d'une bonne interprétation ? Je maintiens que la réponse est affirmative. Cela nous conduit au second type de critères d'une bonne interprétation. Ces critères résident dans les notions du *juste* et du *bien*.

---

[313] Tremblay, « La norme de retenue judiciaire », supra note 1, 181. Je suppose que Côté admettrait l'importance du critère de cohérence puisqu'il soutient que le juriste qui recherche le meilleur sens possible soupèse les conventions sociales les unes à la lumière des autres. Si j'ai raison, son approche serait donc semblable à l'approche cohérentiste. Cependant, comme on l'a vu (supra chapitre I), il refuse de qualifier de « bonne interprétation » ou de proposition « vraie » le résultat du processus. Voir aussi : *id.*, 183-185.

[314] L'examen critique de l'application du principe moderne d'interprétation des lois dans la jurisprudence de la Cour suprême du Canada par les professeurs Beaulac et Côté tend à le prouver. Voir : Beaulac et Côté, supra note 308.

3. Le juste et le bien

Nous savons tous que le sens des notions du *juste* et du *bien* est contesté en philosophie juridique, morale et politique et qu'il varie selon les individus, les cultures et les pratiques sociales. Cependant, il existe un sens minimalement partagé – et il doit en exister un ; autrement nos désaccords en ces matières seraient mutuellement incompréhensibles et les débats impossibles (si pour vous la justice était un palais et pour moi une vertu, notre discussion sur la forme que doit prendre la justice n'aurait aucun sens).[315] Quel est le sens minimalement partagé du juste et du bien ?

1.

Je voudrais poser, provisoirement, les définitions formelles suivantes – je les préciserai plus loin. Le *juste* consiste à « rendre à chacun ce qui lui est dû ».[316] Cette définition est classique. Pour être opérationnelle, elle doit présupposer l'existence d'un ordre normatif substantiel qui établit ce qui est dû à chacun, c'est-à-dire, le traitement (droits, pouvoirs, responsabilités, avantages, etc.) auquel chacun a droit. Cet ordre normatif est fondé sur une certaine idée du bien. Qu'est-ce donc que le bien ?

Le *bien* concerne ce qui permet à la vie des personnes de se passer du mieux possible, soit en général soit dans des contextes spécifiques. Il désigne l'ensemble des propriétés ou conditions matérielles, morales et

---

[315] Une façon d'exprimer cette idée consiste à distinguer le *concept* de justice et celui du bien de leurs nombreuses *conceptions*.

[316] J'adopte ici la formulation classique qui remonte au droit romain, voire à Platon, *La République,* (Livre I) et Cicéron, *Traité des Devoirs*, 15 (I.). Traditionnellement, la justice était conçue comme une *vertu* et on la définissait dans les termes de Justinien : « La justice est la ferme volonté de donner toujours à chacun ce qui lui est dû ». Cette définition a été reprise par la doctrine classique du droit naturel. Voir, par exemple : Thomas d'Aquin : « La justice est la disposition par laquelle on donne, d'une perpétuelle et constante volonté, à chacun son droit ». Thomas d'Aquin, *Somme Théologique*, Iia IIae Pars, Q. 58, a. 1. En philosophie politique contemporaine, le juste est généralement examiné sous l'angle de la justice distributive ou de la justice sociale. On tente de déterminer comment la richesse, les revenus, les biens et les services devraient être distribués entre les membres d'une même communauté politique. Dans ce contexte, la définition formelle de la justice correspond au précepte selon lequel « il faut traiter les cas semblables de manière semblable et les cas différents de manière différente ». Voir : Hart, *supra* note 4, p. 155-56 ; Chaim Perelman, *De la Justice*, Bruxelles, Office de Publicité, 1945. Cela dit, ce précepte postule, à sa manière, l'idée que le juste consiste à « rendre à chacun ce qui lui est dû ».

spirituelles qui rendent possible l'épanouissement humain ou le bien-être physique et mental de chacun ou qui font qu'un état de choses y contribue mieux que tout autre état de choses plausible. Pour être opérationnelle, cette définition doit nécessairement être spécifiée. C'est ce que font les théories ou les conceptions concurrentes du bien : elles tentent d'y donner un certain contenu, soit en spécifiant certains termes connexes, tels que le bonheur, le plaisir, l'estime de soi, les capabilités, les ressources, la satisfaction des besoins ou des désirs, les intérêts légitimes, etc., soit en énumérant une liste de « biens » spécifiques, tels que la santé, la liberté, le respect, l'éducation, l'amitié, la sécurité, le travail, le revenu minimal décent, etc., soit en proposant une procédure permettant de l'établir en contexte. Le bien, quel qu'il soit, exprime toujours quelque valeur ou finalité désirable.

Le juste a donc pour objet le bien de chacun (en leur rendant ce qui leur est dû) et le bien de chacun permet de déterminer le juste, c'est-à-dire, ce qui leur est dû et, corrélativement, ce que chacun peut revendiquer d'autrui. Le juste et le bien se manifestent donc simultanément dans le processus d'interprétation en droit.[317] Ils sont décisifs. Voyons cela brièvement.

---

[317] Il n'est pas nécessaire pour le moment d'entrer dans les débats philosophiques relatifs à l'ordre de priorité entre le juste et le bien, s'il en est un, tels que, par exemple, ceux qui opposent l'éthique des anciens (téléologique) à celle des modernes associée à Kant (déontologique) ou les théories des droits fondées sur la justice associées à la théorie de John Rawls aux théories conséquentialistes. À ce sujet, voir : Michael Sandel, *Liberalism and its Critics*, New York University Press, 1984, notamment l'« introduction » et le chap. 2, « John Rawls : The Right and the Good Constrasted ». Le sociologue Émile Durkheim reconnaissait que la « réalité morale » était constituée de règles imposant des devoirs et de finalités exprimant le bien et que la question de savoir « comment le bien se reliait au devoir, et réciproquement, a souvent embarrassé les moralistes [qui] n'ont vu d'autres moyens de résoudre le problème que de déduire l'une de ces conceptions de l'autre ». Cependant, selon lui, « ces deux éléments de la morale ne sont que deux aspects différents d'une même réalité » : il est impossible, soutenait-il, « que nous agissions, sans que notre action nous apparaisse comme bonne à quelques égards, sans que nous soyons intéressés en quelque mesure à l'accomplir. » Il est donc impossible « de résoudre le problème [en déduisant] l'une de ces conceptions de l'autre. ... Car, alors, ce qui fait leur unité, ce n'est pas que celui-ci est un corollaire de celui-là, ou inversement ; c'est l'unité même de l'être réel dont ils expriment des modes d'action différents. » Voir : Émile Durkheim, *L'Éducation Morale*, Paris, P.U.F., 2012, p. 104-105.

2.

Les critères d'une bonne interprétation qui réfèrent au juste et au bien sont conventionnels – ce qui n'exclut évidemment pas le fait qu'il puisse exister un fondement moral indépendant de ces critères qui, pour les interprètes, constitue une bonne raison de maintenir la convention d'interprétation.[318]

D'une part, il existerait une convergence de comportement dans le processus d'interprétation des textes de loi litigieux relativement à certaines valeurs associées au juste et au bien. Reprenons les propos de Hart. Les juges consciencieux qui interprètent une règle de droit supposent que son but n'est pas de commettre des injustices ni d'offenser des principes moraux établis. De plus, ils procèdent conformément à un ensemble de vertus qu'il qualifie de « morales » : honorer l'impartialité et la neutralité, examiner les thèses en présence, considérer les intérêts de tous ceux qui seront affectés par la décision, énoncer un principe général acceptable comme fondement raisonné de la décision. Ce processus de pondération et de mise en équilibre, dit-il, caractérise l'effort de rendre justice entre des intérêts concurrents. En somme, les juges tentent de rendre acceptables les interprétations retenues en tant que produit raisonné d'un choix impartial éclairé.[319]

D'autre part, il existerait une attitude de réflexion critique, tant chez les juristes que chez les citoyens, à l'égard des interprétations qui s'écartent des choix raisonnés impartiaux et éclairés, compatibles avec la morale. Il est vrai que Hart a soutenu que ces considérations et ces facteurs ont presque été aussi souvent ignorés qu'observés, mais il a ajouté aussitôt que ces écarts de conduite font l'objet de *critiques* : « reminders that such elements *should* guide decision have come, in the main, from critics who have found that judicial law-making has often been blind to social values, 'automatic', or inadequately reasoned ».[320]

---

[318] Comme le souligne Hart, les règles « are conventional social practices if the general conformity of a group to them *is part of the reasons* which its individual members have for acceptance ». Hart, supra note 119, p. 255 [mes italiques].

[319] Hart, supra note 4, p. 200. Voir : supra le texte accompagnant les notes 224-230.

[320] *Id.*, p. 200-201. Précisons que l'objet de ce passage était de montrer que le recours aux contraintes interprétatives dites « morales » ne pouvait pas être présenté comme la preuve d'un lien *nécessaire* entre le droit et la morale. Ce qui est indiscutable, selon sa théorie du droit.

Si Hart avait raison, comme je le crois, alors il existe bien une convention sociale selon laquelle les critères décisifs d'une bonne interprétation réfèrent au juste et au bien : d'une part, il y a convergence de comportement à l'égard de contraintes interprétatives qui vont en ce sens et, d'autre part, il y a une attitude de réflexion critique à l'égard des interprétations qui y dérogent.

3.

Les juges sont généralement réticents à référer explicitement aux notions du juste et du bien dans leurs opinions judiciaires.[321] Peut-être que la maxime positiviste selon laquelle « le droit est une chose et la morale en est une autre » y est pour quelque chose, car elle a souvent été comprise comme signifiant qu'un bon juriste doit s'occuper du droit positif et non pas de la morale. Mais ce raisonnement est fallacieux : nous sommes dans une situation où le droit – au sens du droit « positif » pertinent qui le réduit aux textes de loi litigieux – n'est pas déterminé ; le bon juriste ne peut donc pas l'appliquer et il lui faut trouver autre chose, sans quoi sa décision est arbitraire. Mais quoi ? De plus, le raisonnement est *non sequitur* : c'est comme affirmer : « un pont est une chose et la loi de la gravité en est une autre » ; par conséquent, un bon ingénieur doit s'occuper du pont et non pas de la loi de la gravité.

Mais il arrive que des juges admettent franchement faire du juste et du bien le tribunal ultime de leur décision. Viscount Simonds de la House

---

[321] Selon la description formulée par Ruth Sullivan, « [t]here is only one rule in modern interpretation, namely, courts are obliged to determine the meaning of legislation in its total context, having regard to the purpose of legislation, the consequences of proposed interpretations, the presumptions and special rules of interpretation, as well as admissible external aids. In other words, the courts must consider and take into account all relevant and admissible indicators of legislative meaning. After taking these into account, the court must then adopt an interpretation that is appropriate. An appropriate interpretation is one that can be justified in terms of (a) its plausibility, that is, its compliance with the legislative text ; (b) its efficacy, that is, its promotion of the legislative purpose ; and (c) *its acceptability, that is, the outcome is reasonable and just.* ». Sullivan, supra note 308, p. 131-132 [mes italiques]. Cette position est appuyée par Beaulac et Côté, supra note 308, 161 : « Professor Sullivan, *rightly so*, writes that the interpreter should be mindful of the consequences of the proposed interpretation and suggests that the question of whether or not a given interpretation produces *a just and reasonable outcome is as legitimate* as the inquiry into the collective mind of the Parliament. It is certainly felt, quite unfortunately, that such interpretative arguments should not be explicitly endorsed by courts. » [mes italiques].

of Lords écrivait par exemple : « But in the end, and in the absence of authority binding the House, the question is simply : *What does justice require in such a case as this ?* ».[322] Et quel juriste n'a jamais cité cette maxime formulée par Lord Hewart dans une affaire mettant en cause le principe d'impartialité : « it is not merely of some importance but *is of fundamental importance that justice should not only be done*, but should manifestly and undoubtedly be seen to be done » ?[323] Il est regrettable que cette citation ne soit généralement utilisée que dans des contextes où « l'apparence de justice » est en cause, faisant presque oublier ce qui allait de soi, c'est-à-dire, qu'il est « *of fundamental importance that justice should ... be done* ».

Dans d'autres affaires, le juste et le bien se révèlent au détour d'un argument en ce qu'ils permettent d'établir les considérations qui constituent de bonnes raisons de retenir telle méthode d'interprétation, telle règle interprétative, telle présomption d'intention, tel précédent, tel but, tel principe, telle lecture cohérente du droit et, finalement, telle interprétation.[324] Ils s'incarnent dans d'autres concepts juridiques, tels que « droits fondamentaux », « morale », « équité », « bonne foi », « légitimité », « démocratie », « justice naturelle », « primauté du droit », etc. On les observe dans les motivations profondes de porter certaines décisions en appel. Ils deviennent explicites lorsque le bien-fondé d'une interprétation est critiqué dans les facultés de droit, dans les conférences, dans les revues spécialisées, dans les débats politiques, dans les médias et dans les salons. Ils sont au

---

[322] *National Bank of Greece* v. *Metliss*, [1958] A.C. 509, 525. Il est intéressant de rappeler qu'on associe souvent Viscount Simonds à l'interprétation étroite et statique (*strict constructionism*). Voir : Morissette, « Peut-on 'interpréter' », supra note 24, 35-36.

[323] Lord Hewart, *Rex* v. *Sussex Justices, Ex parte, McCarthy*, [1923] All ER Rep 233 [mes italiques].

[324] Voir : *Donoghue* v. *Stevenson*, [1932] A.C. 562, l'opinion de Lord Atkin : « The liability for negligence, whether you style it such or treat it as in other systems as a species of "culpa," is no doubt based upon a general public sentiment of moral wrongdoing for which the offender must pay. ... The rule that you are to love your neighbour becomes in law, you must not injure your neighbour; and the lawyer's question, Who is my neighbour? receives a restricted reply. You must take reasonable care to avoid acts or omissions which you can reasonably foresee would be likely to injure your neighbour. Who, then, in law, is my neighbour? The answer seems to be–persons who are so closely and directly affected by my act that I ought reasonably to have them in contemplation as being so affected when I am directing my mind to the acts or omissions which are called in question. ». Voir aussi : l'opinion de Lord Macmillan.

front lorsqu'ils animent les réactions politiques hostiles dans la rue, dans les émeutes, dans les menaces de sécession et dans les guerres civiles.[325]

Cet état de choses pointe vers l'existence d'une convention sociale qui fait du juste et du bien les critères décisifs d'une bonne interprétation.

4.

Si cela est admis, alors la force normative d'une interprétation n'est pas fonction du statut social de l'interprète (juge, administrateur), mais du fait qu'elle constitue le produit raisonné d'un choix impartial éclairé compatible avec la morale et le bien des personnes qu'elle affecte. Le seul fait qu'une personne soit un juge ou un administrateur n'a donc pas d'incidence sur la « vérité » de l'interprétation retenue ; la vérité n'est pas une question de *pouvoir* ni *d'opinion*, mais de preuves et d'arguments pertinents, suffisants et acceptables, compte tenu des contraintes interprétatives.

De plus, si cela est admis, alors les juges consciencieux doivent logiquement présupposer qu'il existe une bonne interprétation, une interprétation plus juste que les autres, compte tenu du bien des personnes affectées, même si, au bout de l'examen, ils concluent que, tout compte fait, dans telle affaire particulière, le juste et le bien soutiennent également plus d'une seule bonne interprétation. Ce ne sont donc pas les interprétations retenues en dernière instance par ceux qui ont le pouvoir de trancher qui déterminent le juste et le bien, mais le juste et le bien qui déterminent quelles interprétations doivent être retenues.

On pourrait certainement demander pourquoi il en est ainsi. La réponse, selon moi, relève de la légitimité politique. Les juges n'ont pas plus de légitimité politique que celle des normes qu'ils reconnaissent et appliquent dans des cas concrets. Cela suppose qu'il existe quelque critère de légitimité des normes juridiques (ou, plus généralement, du droit positif). Lorsqu'un texte de loi est litigieux, la légitimité du pouvoir judiciaire d'imposer ses vues réside – au moins en partie – dans celle de l'interprétation retenue, c'est-à-dire, de la norme qu'ils appliquent au terme du processus d'interprétation (une décision judiciaire arbitraire est illégitime). Cela suppose

---

[325] Ces deux derniers cas sont rares, mais ils existent : au Canada, par exemple, la décision de la Cour suprême dans l'affaire *Ford* c. *Québec (Procureur général)*, [1988] 2 R.C.S. 712, a fait bondir l'appui à la sécession du Québec ; aux États-Unis, l'affaire *Dred Scott* v. *Sandford*, 60 U.S. (19 How.) 393 (1857), avait plongé le pays dans la guerre civile.

l'existence d'un critère de légitimité d'une bonne interprétation. Mais quel critère? La procédure seule? La démocratie? Le consentement? La tradition? La morale? Toutes ces réponses sont insuffisantes, car on peut toujours demander pourquoi ces critères? Or, lorsqu'on pousse les justifications dans leurs derniers retranchements et qu'on y regarde de près, on aboutit aux notions du juste et du bien. Les critères de légitimité seraient donc ultimement justifiés par ces deux notions et, inversement, ces deux notions seraient décisives pour maintenir la légitimité des décisions judiciaires. En tout état de cause, ceux qui estiment que les critères décisifs d'une bonne interprétation résident dans les notions du juste et du bien estiment aussi que ces critères leur confèrent le pouvoir de trancher les litiges en toute légitimité.[326]

J'examine maintenant les notions du juste et du bien.

4. Le juste

Lorsque le sens d'un texte de loi est litigieux, les interprétations proposées constituent des prétentions concurrentes relativement à « ce qui est dû à chacun (ou chaque partie) ». Comment déterminer la bonne prétention, s'il en est une, conformément au juste et au bien? La réponse réside tout d'abord dans deux principes de justice: le principe *d'impartialité* et le principe de *proportionnalité*. Ces deux principes postulent l'égalité fondamentale de tous les êtres humains, c'est-à-dire, l'idée que chaque être humain a le même statut moral en tant que personne. Pour ce motif, chacun doit être traité avec le même respect et la même considération; d'où les principes d'impartialité et proportionnalité.

1.

Le principe d'impartialité énonce que les juges doivent considérer les revendications (intérêts, besoins, aspirations, etc.) de tous ceux susceptibles d'être affectés par les interprétations proposées, sans postuler *a priori* que certaines personnes valent mieux que d'autres ou que leur bien a plus de poids ou d'importance que celui des autres. Chacun a donc un droit égal à ce que son bien soit reconnu, respecté et promu, sauf dans les cas où il

---

[326] J'ai abordé cette question ailleurs à d'autres fins. Voir: Luc B. Tremblay, « General Legitimacy of Judicial review and the Fundamental Basis of Constitutional law », (2003) 23 *Oxford Journal of Legal Studies* 525.

existe une bonne raison de le restreindre ou de le nier. Quelles sont ces bonnes raisons ? Elles sont formellement déterminées par le second principe de justice, le principe de proportionnalité.

En vertu de ce second principe, les juges doivent pondérer et mettre en équilibre les revendications concurrentes des uns et des autres d'une manière impartiale selon un critère de proportionnalité, compte tenu de l'effet des interprétations proposées sur le bien des uns et des autres. Le processus peut être complexe et difficile (il y aurait beaucoup à dire), mais l'idée est la suivante : ce qui est dû à une personne pour promouvoir son bien ne doit pas être excessif ou disproportionné par rapport à ce qui est dû aux autres pour promouvoir le leur. Deux critères d'évaluation sont généralement proposés : le traitement dû à l'un doit être proportionnel au degré auquel il contribue effectivement à son bien (une forme de critère de rationalité et de nécessité) ; et l'importance de l'avantage ou du bénéfice réel que ce traitement confère à l'un, compte tenu de son bien, ne doit pas être excessive en comparaison à l'importance du désavantage ou au coût réel qu'il impose aux autres, compte tenu de leur bien (une forme de critère de proportionnalité stricte : il doit y avoir proportionnalité entre les effets bénéfiques et les effets préjudiciables, comme on le dit parfois).[327]

Les principes d'impartialité et de proportionnalité sont formels et procéduraux. Ils ne dictent pas la bonne interprétation ; ils dictent comment procéder pour l'identifier. Ils constituent un « test procédural ». Leur objectif est d'établir le point d'équilibre le plus juste possible dans un cas donné, compte tenu du bien de chacun. L'état de choses « optimal » est celui qui pondère et met en équilibre du mieux possible les revendications des uns et des autres d'une manière impartiale et proportionnelle. C'est le point optimal qui détermine la bonne interprétation. Une interprétation conforme aux principes d'impartialité et de proportionnalité contribue donc à ce que l'on pourrait associer au « bien commun ».[328]

---

[327] Le principe de proportionnalité se manifeste sous diverses formes en droit, tant au Canada qu'ailleurs dans le monde. En droit constitutionnel canadien, par exemple, on le connaît explicitement sous le nom du test de *Oakes*. Voir, par exemple, L.B. Tremblay et G. C. N. Webber (dir.), *La limitation des droits de la Charte : Essais critiques sur l'arrêt* R. c. Oakes, Montréal, Les Éditions Themis, 2009. Voir aussi, Tremblay, supra note 141. En droit civil québécois, on le reconnaît notamment dans la théorie de « l'abus de droit ».

[328] Le bien commun, au sens où je l'entends, est l'ensemble des conditions qui permettent à chacun de réaliser son bien conformément à la justice. Je n'ai pas pour objet d'élaborer cette notion ici.

2.

Lorsque les critères décisifs d'une bonne interprétation résident dans les principes d'impartialité et de proportionnalité, compte tenu du bien de chacun, les juges consciencieux ne sont pas libres de choisir la bonne interprétation. Il n'y a pas d'espace discrétionnaire : ils doivent choisir celle qui satisfait « le mieux » à ces critères. Le juste a ainsi fermé l'espace qui, autrement, laisserait l'interprétation en proie à l'opinion subjective, au choix, aux préférences personnelles, etc., qu'on associe généralement au pouvoir créateur des juges. De plus, il s'ensuit logiquement que les cas semblables doivent être traités de manière semblable et que les cas différents doivent être traités différemment. Il est donc inexact de soutenir, comme le fait Hart, qu'un juge qui satisfait aux critères d'une bonne interprétation « *is entitled* to follow standards or reasons for decision which are not dictated by the law » ; car, dès lors qu'une interprétation satisfait aux principes de justice, il n'y a plus d'espace pour manœuvrer : le résultat *est* la bonne interprétation. C'est du reste pourquoi Hart a, par ailleurs, raison d'écrire que « some feel reluctant to call such activity 'legislative' ».

Bien entendu, les contraintes imposées par le juste présupposent nécessairement qu'il existe dans le monde un ordre normatif *substantiel* établissant ou permettant d'établir objectivement ce qui est dû à chacun, soit en général, soit dans un contexte donné. Autrement, la notion du juste serait incohérente et les juges qui prétendraient œuvrer en ce sens se tromperaient lourdement : les principes d'impartialité et de proportionnalité tourneraient à vide. Existe-t-il, pour les fins du droit, un tel ordre normatif ? On ne peut rationnellement le nier qu'après avoir examiné sérieusement la question dans les contextes où elle se pose. Selon moi, la réponse est oui et elle réside dans la notion du bien.

5. Le bien

Le bien, au sens où je l'entends, concerne ce qui fait en sorte que la vie des personnes se passe du mieux possible, soit en général soit dans des contextes spécifiques. Il concerne le fondement et la nature des propriétés ou conditions matérielles, morales et spirituelles qui rendent possible l'épanouissement humain ou le bien-être physique et mental de chacun ou qui font qu'un état de choses y contribue mieux que tout autre état de choses plausible Comment les juristes déterminent-ils objectivement de telles choses dans un litige ? La pensée juridique occidentale a proposé

– pour le dire en gros – deux grandes approches : l'une est abstraite, l'autre est contextuelle.

1.

Selon l'approche abstraite, le bien des parties est déterminé dans l'abstrait conformément à une théorie substantielle objective du bien (ou des valeurs ou des fins humaines) qui fait office de théorie « idéale » (ou conformément à une théorie substantielle de la justice qui postule quelque standard objectif du bien). Les principes de cette théorie abstraite établissent le « bon » ordre de priorité entre les valeurs et les intérêts constitutifs du bien humain ou contribuant à sa réalisation en leur attribuant d'avance un poids relatif. Par exemple, la théorie peut établir que la sécurité a priorité sur la religion, que la religion a plus de poids que la propriété, que la propriété a prépondérance sur l'environnement, etc.

La théorie substantielle du bien peut être « universaliste » ou « conventionnaliste ». Elle est universaliste lorsqu'elle postule que le fondement du bien réside dans quelque propriété partagée de notre humanité commune, telle que la théorie classique du droit naturel, les théories utilitaristes et les théories de Rawls, Dworkin, Sen ou Nussbaum. Elle peut postuler que le bien réside ultimement dans une seule valeur (comme chez Platon et les utilitaristes) ou bien dans une pluralité de valeurs, telles que la vie, la connaissance, la beauté, la liberté, l'amitié, etc. (comme chez certains théoriciens du droit naturel classique). Elle est conventionnaliste lorsqu'elle situe son fondement dans les valeurs intersubjectives ou idéaux partagés par les membres d'une culture ou d'une société particulière. Pensons, par exemple, à la théorie des valeurs publiques de Fiss.

Tous bons juristes devraient donc déterminer ce qui est dû à chacun conformément aux principes de la théorie substantielle du bien admise comme objectivement vraie. Il s'ensuit que le processus d'interprétation consisterait à mesurer et à comparer de manière impartiale et proportionnelle les effets bénéfiques et préjudiciables des diverses interprétations proposées sur le bien de ceux qu'elles pourraient affecter, tel que les principes de la théorie substantielle le définissent et l'ordonnent dans l'abstrait. Son objectif serait d'établir dans l'abstrait le point optimal à la lumière des faits.

Selon l'approche contextuelle, le bien des parties est déterminé en contexte selon le point de vue subjectif des personnes concernées, à la condition que ce point de vue soit sincère et vraisemblable ou plausible.

Le point de vue subjectif ou personnel est celui à partir duquel les personnes comprennent leur propre vie, leur identité et le monde, établissent leurs aspirations et leurs priorités entre leurs besoins et leurs désirs et évaluent la gravité des torts ou des contraintes qu'ils subissent et l'importance des gains ou des bienfaits dont ils bénéficient. Il recoupe ce que Bernard Williams nommait le «human point of view», c'est-à-dire, le point de vue qui concerne principalement ce que c'est pour une personne de vivre la vie qu'elle mène et d'agir comme elle agit. Lorsqu'on regarde une personne «from the human point of view ... one should try to see the world ... from his point of view».[329] Le poids relatif des valeurs et des intérêts humains concurrents, de même que le bon ordre de priorité entre eux, ne sont donc pas fixés dans l'abstrait par les principes d'une théorie substantielle du bien; ils sont déterminés en contexte, selon les significations concrètes qu'ils ont pour les uns et pour les autres.

Ici, le processus d'interprétation consiste à mesurer et à comparer de manière impartiale et proportionnelle les effets bénéfiques et préjudiciables des diverses interprétations proposées sur le bien de ceux qu'elles pourraient affecter, tel qu'ils le comprennent et l'ordonnent eux-mêmes dans le contexte factuel qui les affecte. L'objectif consiste à déterminer le point d'équilibre optimal dans le contexte. Il est donc indispensable d'écouter les parties concernées afin de saisir du mieux possible ce que les interprétations proposées signifient pour elles, compte tenu de leur point de vue subjectif. Il ne s'ensuit pas que les parties ont à prouver chacune de leurs prétentions, car les juges peuvent connaître d'office certains faits pertinents de la condition humaine, incluant son volet tragique, les rapports de domination et d'oppression, ainsi que leurs conséquences probables sur le sort des personnes.

L'extrait suivant de l'opinion du juge Wilson de la Cour suprême du Canada dans l'affaire *Morgentaler* peut illustrer ce point: le bien, conçu du point de vue subjectif des femmes affectées par la loi criminalisant l'avortement, justifia l'interprétation du droit à la liberté selon laquelle il incluait un droit à l'avortement.

> [La] décision que prend une femme d'interrompre sa grossesse ... [est] une décision qui reflète profondément l'opinion qu'une femme a d'elle-même, ses rapports avec les autres et avec la société en général. Ce n'est pas seulement une décision d'ordre médical; elle est aussi profondément d'ordre

---

[329] Bernard Williams, «The Idea of equality», dans Louis. P. Pojman et Robert Westmoreland (dir.), *Equality*, Oxford University Press, 1997, p. 94-95.

social et éthique. La réponse qu'elle y donne sera la réponse de tout son être. Il est probablement impossible pour un homme d'imaginer une réponse à un tel dilemme, non seulement parce qu'il se situe en dehors du domaine de son expérience personnelle (ce qui, bien entendu, est le cas), mais aussi parce qu'il ne peut y réagir qu'en l'objectivant et en éliminant par le fait même les éléments subjectifs de la psyché féminine qui sont au coeur du dilemme.[330]

Selon l'approche contextuelle, le bien peut donc varier selon les individus et les groupes d'individus, conformément aux conceptions qu'ils ont de leur vie, de la société et de leur place dans l'univers et, par conséquent, les ordres de priorités des uns et des autres peuvent ne pas converger. C'est pourquoi, du reste, les parties à un litige aboutissent à des conclusions contradictoires à propos de ce qui est dû à chacun dans un cas donné. C'est aussi pourquoi ces conclusions peuvent être sincères et raisonnables, dès lors qu'elles sont nettoyées des préjugés, des faussetés, de l'invraisemblable, de la mauvaise foi et de l'intérêt personnel brut.

Contrairement à ce qu'on pourrait croire, l'approche contextuelle ne constitue pas une forme de « subjectivisme éthique ». L'approche ne nie pas qu'il puisse exister des valeurs éthiques universelles ou des principes éthiques universellement valables ou objectivement vrais. Elle ne nie pas qu'il puisse y avoir une façon de vivre que toute personne voudrait vivre si seulement elle en avait connaissance ou comprenait quelle est sa nature « essentielle ». Mais elle nie qu'il appartienne aux juges de les déterminer. Cette approche confère le même statut aux points de vue subjectifs des « objectivistes éthiques » qui croient sincèrement à l'universalité du bien ou de quelques biens humains ultimes qu'aux points de vue subjectifs des « subjectivistes éthiques » qui croient sincèrement que ce sont les individus

---

[330] *R.* c. *Morgentaler,* [1988] 1 R.C.S. 30, par 239-240. L'opinion de la Cour suprême des États-Unis dans *Planned Parenthood* v. *Casey,* 505 U.S. 833, 851 (1992), allait dans le même sens : [...] though the abortion decision may originate within the zone of conscience and belief, it is more than a philosophic exercise. Abortion is a unique act. ... the liberty of the woman is at stake in a sense unique to the human condition and so unique to the law. The mother who carries a child to full term is subject to anxieties, to physical constraints, to pain that only she must bear. That these sacrifices have from the beginning of the human race been endured by woman with a pride that ennobles her in the eyes of others and gives to the infant a bond of love cannot alone be grounds for the State to insist she make the sacrifice. Her suffering is too intimate and personal for the State to insist, without more, upon its own vision of the woman's role, however dominant that vision has been in the course of our history and our culture. The destiny of the woman must be shaped to a large extent on her own conception of her spiritual imperatives and her place in society. »

qui créent, décident ou choisissent leurs valeurs ou que le bien est dans les yeux de celui qui regarde. Elle est agnostique à cet égard.

L'approche ne constitue pas non plus une forme de « subjectivisme judiciaire ». Le point de vue subjectif des parties concernées dans un contexte factuel donné confère au processus d'interprétation un fondement *objectif* aux conceptions du « bien » que les juges reconnaissent et sanctionnent. Pour cette raison, l'approche contextuelle peut être conçue comme une forme « d'objectivisme juridique ».

2.

Il existe de bonnes raisons de croire que les critères ultimes de ce qui est dû à chacun dans un litige procèdent généralement de l'approche contextuelle. De plus, lorsque les juges semblent utiliser une approche abstraite, les principes de la théorie substantielle du bien constituent plutôt des *généralisations* inférées d'un ensemble de décisions particulières réelles ou hypothétiques résultant de l'approche contextuelle. Il y aurait évidemment beaucoup à dire à ce sujet. Je me limiterai à deux considérations.

La première peut être associée à ce que la tradition juridique nomme « l'équité ». Les théories substantielles du bien peuvent dicter des solutions qui, dans l'abstrait, peuvent sembler justes, mais qui ne le sont pas lorsqu'elles sont appliquées à des individus concrets dans un contexte particulier. Cet écart s'explique généralement par l'incapacité des principes abstraits à considérer tous les facteurs pertinents d'une affaire donnée : une décision fondée sur de tels principes ne peut donc tenir compte que des facteurs limités qu'ils spécifient d'avance (ce qui constitue une forme de « formalisme » ou de « légalisme » éthique).

Or, me semble-t-il, les juges et les juristes consciencieux cherchent généralement une solution adaptée aux circonstances d'une affaire et non pas à quelque théorie abstraite. C'est aussi en cela qu'ils sont le plus admirés. Ils sont semblables aux architectes de Lesbos qui, selon Aristote, utilisaient une règle « flexible » en plomb capable d'épouser les formes des pierres afin de les mesurer correctement – et non pas une règle rigide. Ainsi, un pain n'a pas la même valeur ou importance pour un Jean Valjean que pour un Maubert Isabeau, boulanger, victime de son vol ; l'eau pour Saint-Exupéry dans le désert de Lybie n'avait pas le même poids que pour le vacancier sur le bord d'une source d'eau potable. Pour ce motif, une théorie substantielle du bien qui fixerait d'avance et dans l'abstrait un ordre de priorité « idéal » entre les biens humains, mais dont l'application formelle produirait en toute probabilité un tort concret et disproportionné dans la vie réelle des personnes concernées serait simplement ignorée – ou critiquée, devait-elle être appliquée.

Mais, il existe une autre raison que la justice ne peut écarter facilement. Toute théorie substantielle du bien procède de conceptions plus profondes sur la nature humaine, le sens de la vie et le monde qui nous entoure. Ces conceptions peuvent être religieuses ou non religieuses. Or, on le sait, les individus ne partagent pas tous la même conception du bien et ce fait est généralement admis dans les sociétés démocratiques pluralistes et multiculturelles. Pour ce motif, déterminer dans l'abstrait ce qui est dû à chacun sur la base d'une théorie substantielle du bien est susceptible d'être controversée, même si l'on est convaincu qu'elle est objectivement vraie. Elle peut conséquemment être injuste, car elle peut privilégier ceux qui y adhèrent au détriment de ceux qui ne la partagent pas. Le processus d'interprétation qui la sanctionnerait ne serait donc pas impartial: il conférerait d'avance plus de poids à la conception du bien des uns au détriment de celles d'autres personnes et, conséquemment, favoriserait d'avance les intérêts et les revendications des uns au détriment de ceux des autres. Le droit ne traiterait pas chaque personne avec le même respect et la même considération;[331] et cet état de choses pourrait légitimement être perçu comme une forme d'oppression ou, comme le soutenait Robert Cover, une violence:

> I am insistent that the apparent capacity of the courts to fashion a life of shared meaning is always seriously compromised and often destroyed by the violence which is implicit or explicit threat against those who do not share the judge's understanding.[332]

La situation serait différente s'il existait de bonnes raisons de privilégier une théorie substantielle du bien. Mais cela soulève plusieurs difficultés. Comment les juges pourraient-ils avancer de telles raisons sans privilégier en même temps le point de vue controversé de ceux qui les jugent suffisantes? Car même si les juges étaient convaincus de les détenir, ces raisons pourraient ne pas convaincre ceux qui ont une conception différente et qui, de surcroit, peuvent être tout aussi convaincus de posséder la bonne justification. Par ailleurs, comment pourraient-ils être convaincus que leurs raisons sont les bonnes, compte tenu du caractère abstrait de la conception du bien qu'elles soutiennent? Examinées dans l'abstrait, les

---

[331] Voir: la discussion supra chapitre II, section 2 (3.1).
[332] Robert Cover et al., *Procedure*, Westbury, Fondation Press, 1988, p. 730.

valeurs concurrentes sont souvent incommensurables: on voit mal comment les juges pourraient établir dans l'abstrait un ordre universel de priorité normative entre les valeurs, disons, la liberté d'expression, l'eau potable, l'art, le travail, la religion, l'amour.

Il semble donc que le bien de chacun ne peut être correctement mesuré et comparé qu'en contexte à la lumière des vies réelles de chacun, telles qu'elles sont vécues concrètement et tel qu'il est interprété par ceux-là mêmes dont c'est la vie. Cette assertion est certainement l'un des thèmes majeurs des thèses relatives à la compréhension moderne de l'identité, à la politique de la reconnaissance, ainsi qu'aux conceptions contemporaines de la dignité humaine et de l'égalité réelle qui les accompagnent. Il est significatif, à cet égard, de citer le juge américain Stephen G. Breyer qui, en réponse à une question lors de l'audition devant le Comité judiciaire formé en vue de ratifier sa nomination à la Cour suprême des États-Unis, évoqua ce que Chesterton disait à propos de «Jane Eyre»:

> He said if you want to know what that is like, you go and you look out at the city... you see all those houses now, even at the end of the 19th century, and they look all as if they are the same. And you think all of those people are out there, going to work, and they are all the same. But, he says, what Emily Bronte tells you is they are not the same. Each one of those persons and each one of those houses and each one of those families is different, and they each have a story to tell. Each of those stories involves something about human passion. Each of those stories involves a man, a woman, children, families, work, lives.[333]

Certes, il peut exister des conditions minimales sans lesquelles tous pourraient admettre que la réalisation du bien est impossible.[334] On pourrait croire, par exemple, que les principes *procéduraux* d'impartialité et

---

[333] USA, Congress, Senate, Committee on the Judiciary, *Hearings Before the Committee on the Judiciary United States Senate, One Hundred Third Congress second session on the nomination of Stephen G. Breyer to be an associate justice of the Supreme Court of the United States*, 85-742, U.S.G.P.O., 1995, July 12, 13, 14, and 15, 1994, p. 232-233. Ce passage rappelle que nous sommes tous porteurs d'une histoire et d'une identité sociale particulière, comme le soutenait Alasdair MacIntyre: «Je suis l'enfant de quelqu'un, l'oncle ou le cousin de quelqu'un; je suis citoyen de telle ou telle ville, membre de tel ou tel corps de métier; j'appartiens à tel clan, tel tribu, telle nation.», dans *Après la Vertu*, P.U.F., 1981, p. 213-214.

[334] Ce minimum, s'il existait, pourrait constituer ce que Rawls a nommé un «consensus par recoupement». Voir: John Rawls, *Political Liberalism*, New York, Columbia University Press, 1993.

de proportionnalité en font partie.[335] Mais dans la mesure où ces conditions minimales étaient formulées en termes *substantiels*, elles seraient probablement formulées et conçues en termes très généraux (par exemple, la « vie », la « santé », « l'intégrité physique », la « sécurité », « l'éducation », le « travail ») qui, selon les points de vue subjectifs de chacun, pourraient se conjuguer au pluriel. Le cas échéant, les juges qui retiendraient une seule interprétation ou conception particulière controversée de ces biens généraux favoriseraient ceux qui la partagent au détriment de ceux qui la récusent. En conséquence, ils pourraient être aveugles aux torts et aux préjudices réels que l'interprétation retenue pourrait causer à ceux qu'elle affecte.

3.

L'approche contextuelle évite ces écueils. Premièrement, en déterminant ce qui est dû à chacun à la lumière du bien des uns et des autres, tel que chacun le comprend d'un point de vue subjectif dans le contexte d'une affaire spécifique, les juges cherchent une solution concrète adaptée aux personnes réelles et non pas aux théories abstraites. Ici, le fondement du bien est *empirique* et, en principe, *vérifiable* : il réside dans les individus. Certes, les juges peuvent référer à quelque théorie abstraite lorsque c'est pertinent pour comprendre la signification réelle des revendications concurrentes, évaluer leur poids relatif, leur plausibilité ou la sincérité des parties. Cependant, la théorie n'est jamais décisive. Le bien pour une personne dépend ultimement du contexte dans lequel elle se trouve. Il dépend de la manière qu'elle a de le vivre. Le point de référence est semblable à

---

[335] Par exemple, des études anthropologiques tendent à montrer que le principe de rétribution (la justice réparatrice) est universellement associé au principe de « proportionnalité », soit sous la forme de la loi du talion ou du prix du sang. Par exemple : Alison Dundes Renteln, « A Cross-Cultural Approach to Validating International Human Rights : The Case of Retribution Tied to Proportionality », dans *International Human Rights : Universalism versus Relativism,* Newbury Park, Sage Publications, 1990, p. 88 ; David Daube, *Studies in Biblical Law*, New York, Ktav Publishing House, 1969. Par ailleurs, il y a longtemps que la justice est liée aux principes d'impartialité et de proportionnalité sous quelque forme. Cela est clairement établi au moins depuis Aristote. Voir : supra note 142, livre V, et *La Politique*, livre III et livre IV. On pourrait aussi remonter aux mythes grecs, tel que la *Théogonie* d'Hésiode, et à la politique d'Athènes avant Platon, de Solon à Lysias. Voir : Luc B. Tremblay, « L'origine mythique de la primauté du droit : Hésiode et les dieux », (2018) 52 *R.J.T.U.M.* 425, 492-515.

ce que les philosophes nomment « l'expérience vécue », c'est-à-dire, la perception « subjective » de l'expérience.[336]

Deuxièmement, en vertu de cette approche, le principe d'impartialité confère le même statut ou la même légitimité aux conceptions concurrentes du bien, à la condition que ce soit vraisemblable et sincère.[337] On compare leur poids relatif dans le contexte d'une affaire donnée, conformément au principe de proportionnalité, et l'ordre de priorité optimal détermine le jugement final. Cette approche honore l'égalité fondamentale des êtres humains. Les juges ne privilégient pas les conceptions du bien de certains par rapport à celles des autres ; ils ne jugent pas la valeur de la vie des uns ou l'importance des torts qu'ils subissent à partir des conceptions d'autrui. Ils valorisent également chaque personne, telle qu'elle se définit elle-même et telle qu'elle comprend la vie, le monde et les « biens » qui contribuent à leur bonheur. Chaque personne de chair et d'os est traitée avec le même respect et la même considération. L'approche contextuelle rend donc possible « l'égalité réelle », telle que définie par la Cour suprême du Canada, soit « favoriser l'existence d'une société où tous ont la certitude que la loi les reconnaît comme des êtres humains qui méritent le même respect, la même déférence et la même considération. ».[338]

---

[336] L'expression a été popularisée par Simone de Beauvoir, *Le Deuxième Sexe*, t. 2 « l'expérience vécue », Paris, Gallimard, 1949. L'expérience vécue des individus ou des groupes (les femmes, par exemple) est façonnée par la nature de la société autour d'eux et cette expérience est difficilement perceptible par les autres (les hommes, par exemple).

[337] Cette approche est semblable à celle utilisée en droit constitutionnel canadien dans certains litiges, notamment en matière de liberté de religion. Voir, par exemple, *Syndicat Northcrest c. Amselem*, [2004] 2 R.C.S. 551, par. 46-47 ; *R. c. Morgentaler*, [1988] 1 R.C.S. 30 par. 239-240.

[338] *Andrews c. Law Society of British Columbia*, [1989] 1 R.C.S. 143. L'approche rend aussi possible la réalisation de la liberté de conscience et de religion qui, selon la Cour, est « d'assurer que la société ne s'ingérera pas dans les croyances intimes profondes qui régissent la perception qu'on a de soi, de l'humanité, de la nature et, dans certains cas, d'un être supérieur ou différent » et que ces croyances, « à leur tour, régissent notre comportement et nos pratiques ». *Edwards Books and Art Ltd.*, [1986] 2 R.C.S. 713, 759 ; *Syndicat Northcrest c. Amselem*, [2004] 2 R.C.S. 551.

4.

L'approche contextuelle est implicite dans certains propos avancés par Morissette au sujet de la dimension litigieuse du droit. Dans sa dimension litigieuse, écrit-il,

> le droit porte profondément la marque de l'une de ses finalités d'origine, qui est d'individualiser autant que faire se peut l'examen de la question sur laquelle porte le différend pour que juge et parties puissent aller au *fond* des choses. Cela explique les pompes du droit litigieux : la méticulosité et la complexité de la procédure écrite, les usages du prétoire, la procédure d'audience, les pratiques de délibération et de motivation des décisions, etc. Chaque cas étant rendu unique par la façon dont on l'appréhende, il ne peut y avoir de nouvelles ou d'additionnelles itérations du même cas.[339]

> Hors les cas [les plus clairs] … le juge se laisse plutôt guider pas à pas par ce que l'on plaide contradictoirement, en pesant le pour et le contre, sans avoir arrêté d'avance les modalités de la solution qui figurera dans la décision finale, et sans pouvoir arrêter ces modalités au moyen d'un raisonnement justiciable de la logique formelle ou binaire.[340]

Cependant, il ajoute ceci : de façon générale lorsqu'il y a un litige, « le caractère acataleptique des questions soulevées impose d'aller au *fond* des choses avec le plus grand soin : s'il n'y a pas de 'bonne' réponse, on aura au moins la satisfaction d'avoir tout mis en œuvre pour vider la question ».[341] Je comprends mal cette assertion.

Car s'il est vrai qu'il n'existe pas de bonne réponse, que peut donc signifier « vider la question » ? Et que doit-on « mettre en œuvre » pour le faire ? Où les juges et les parties doivent-ils aller pour aller au « fond des choses » ? Et s'il est vrai qu'aucune modalité de la solution qui figurera dans la décision finale n'est arrêtée d'avance, sur quelles bases déterminent-ils le « poids » du pour et du contre ? Et en quoi cette mise en scène contradictoire peut-elle procurer « satisfaction » ? Et pour qui est-elle satisfaisante, le juge ou les parties ? En somme, s'il n'existe pas de bonne réponse, que cherche-t-on en *individualisant* autant que faire se peut l'examen de la question sur laquelle porte le différend ?

---

[339] Morissette, « Deux ou trois choses », supra note 24, 603-604.
[340] Morissette, « Peut-on 'interpréter' », supra note 24, 34.
[341] Morissette, « Deux ou trois choses », supra note 24, 603-604.

Si Morissette veut simplement dire qu'on ne cherche pas une interprétation qui satisfasse au critère de «certitude absolue», alors on est d'accord, mais ce n'est pas ce que recherchent les juristes. S'il veut plutôt dire qu'on cherche une interprétation «raisonnable» parmi d'autres, alors la complexité de la mise en scène est inutilement coûteuse et inefficace: il suffirait de retenir en lançant les dés une interprétation qui n'est pas condamnée à l'unanimité. Mais s'il veut dire qu'on recherche l'interprétation la «plus raisonnable», alors il doit présupposer qu'il existe une bonne réponse et, par conséquent, quelque modalité d'une bonne interprétation. Or, s'il est vrai que les juristes recherchent la meilleure interprétation (ou la plus raisonnable) d'un texte de loi litigieux sur la base de critères d'une bonne interprétation semblables à ceux énoncés par Hart, alors «les modalités de la solution qui figurera dans la décision finale» incarnent les notions du juste et du bien, telles qu'elles se manifestent dans le contexte factuel d'une affaire donnée – non pas dans l'abstrait, mais dans les faits.

Voilà, selon moi, ce qui rend intelligible la finalité d'origine qui consiste à individualiser l'examen de la question sur laquelle porte le différend pour que juge et parties puissent aller au *fond* des choses et tout mettre en œuvre pour vider la question. En faisant les adaptations qui s'imposent aux fins de l'interprétation des textes de loi litigieux, le passage suivant de l'opinion de Lord Macmillan dans *Donoghue* v. *Stevenson*[342] exprime cette idée:

> The law takes no cognizance of carelessness in the abstract. It concerns itself with carelessness only where there is a duty to take care and where failure in that duty has caused damage. ... What then are the circumstances which give rise to this duty to take care? In the daily contacts of social and business life human beings are thrown into or place themselves in an infinite variety of relationships with their fellows ... The grounds of action may be as various and manifold as human errancy and the conception of legal responsibility may develop in adaptation to altering social conditions and standards. The criterion of judgment must adjust and adapt itself to the changing circumstances of life. The categories of negligence are never closed.[343]

---

[342] *Donoghue* v. *Stevenson*, [1932] A.C. 562.
[343] *Id.*, 618-619.

6. Illustration de la méthode d'interprétation contextuelle

On pourrait illustrer la méthode contextuelle à la lumière d'une multitude de décisions judiciaires rendues en matière d'interprétation des lois et d'interprétation constitutionnelle.[344] Je prends un exemple tiré de l'interprétation des lois, l'affaire *Harrison* c. *Carswell*.[345] La Cour suprême du Canada devait déterminer si une loi qui conférait au propriétaire d'un centre commercial le droit d'intenter une poursuite pour intrusion illicite (*trespass*) sur les parties communes lui permettait d'exercer ce droit à l'encontre d'employés en grève légale qui font du piquetage paisible en face des locaux loués par leur employeur. L'un des arguments avancés par les employés soutenait que le droit de faire du piquetage paisible pour appuyer une grève légale a une valeur sociale plus grande que le droit de propriété du propriétaire d'un centre commercial ; par conséquent, les droits du propriétaire ne devaient pas prévaloir sur ceux des piqueteurs. Cet argument signifiait que la bonne interprétation du texte de loi litigieux dépendait de ce qui est dû à chacun, compte tenu des valeurs sociales qui exprimaient des « biens » concurrents. Mais comment trancher ? Comment les juges devaient-ils procéder pour mesurer et comparer le poids relatif des valeurs sociales en conflit ? Était-il seulement possible et légitime de le faire ?

1.

Selon le juge Dickson (pour la majorité), l'argument était irrecevable, car le type de jugement de valeur demandé était nécessairement arbitraire et subjectif :

> [la] théorie selon laquelle cette Cour devrait juger et établir la valeur sociale respective du droit de propriété et du droit au piquetage soulève des questions politiques et socio-économiques importantes et difficiles dont la solution, à cause de leur nature même, est inévitablement arbitraire et reflète nécessairement des convictions économiques et sociales personnelles.[346]

Cette position peut sembler étonnante, car il n'est pas exceptionnel pour les juges d'établir la valeur respective des revendications, même si cela soulève des questions politiques et socio-économiques importantes

---

[344] J'ai exposé cette approche aux fins du droit constitutionnel dans Tremblay, *supra* note 141.

[345] *Harrison* c. *Carswell*, [1976] 2 R.C.S. 200.

[346] *Id.*, 218.

et difficiles. Cependant, il est possible que la difficulté résidât dans le fait que, selon le juge Dickson, on demandait aux juges de mesurer et de comparer les valeurs sociales dans l'*abstrait*, alors qu'il n'existait aucun critère ou standard objectif permettant de le faire : les juges pouvaient estimer, par exemple, que les valeurs sociales en cause étaient inexistantes, incohérentes ou incommensurables. Il pouvait estimer, par exemple, que la société manitobaine n'était pas suffisamment homogène pour que l'on puisse inférer objectivement un unique ordre de priorité de sa morale publique. Il pouvait aussi postuler qu'on ne peut procéder rationnellement à de tels jugements de valeur dans l'abstrait à moins d'identifier une propriété substantielle commune à toutes les valeurs sociales en conflit qu'une unité de mesure ou autre forme de « métrique » permettrait de mesurer correctement.

Quoi qu'il en soit, selon eux, un tel jugement n'était pas nécessaire, car il existait un précédent clair et récent (l'affaire *Peters*) qui conférait aux propriétaires d'un centre commercial le droit d'intenter des poursuites contre ceux qui font du piquetage paisible dans les parties communes sans autorisation.[347] L'ordre de priorité entre les valeurs sociales était déjà fixé indépendamment du contexte. Cela tranchait la question.

2.

En revanche, selon le juge en chef Laskin (pour les dissidents), l'argument avancé soulevait une « question de droit », car les jugements établissant la valeur sociale respective des droits concurrents pouvaient avoir un fondement juridique objectif. Il était donc recevable. Il était même nécessaire de l'examiner au mérite afin de déterminer « ce qui est dû à chacun » et, conséquemment, la bonne interprétation de la loi.

Cependant, le jugement ne devait pas procéder dans l'abstrait sur la base d'une théorie substantielle du bien fixant d'avance – indépendamment du contexte – sur une échelle de valeurs le bon ordre de priorité (la bonne pondération, la bonne mise en équilibre) entre le droit de propriété et le droit au piquetage. Un tel jugement, soutenait-il, serait formaliste : il pourrait établir « l'existence d'un préjudice en droit, mais pas en fait ». Il opta donc pour une version plausible de l'approche contextuelle. Il est vrai qu'il ne l'a pas formulée lui-même dans ces termes et que sa version n'est pas une simple application de cette approche. Cependant, comme on le verra à l'instant, son opinion dans *Harrison* c. *Carswell* permet d'illustrer

---

[347] *Peters* v. *the Queen* (1971) 17 D.L.R. (3d) 128.

l'approche contextuelle. [Laskin concevait probablement son approche dans le cadre des théories du droit associées au « Legal Realism », aux écoles sociologiques et aux conceptions fonctionnalistes. De plus, Laskin le professeur semblait croire que les valeurs sociales étaient préordonnées ou pouvaient l'être sur une échelle objective de valeurs qu'une bonne méthode permettait de connaître. Je laisse ces questions de côté.].

Selon Laskin, les valeurs sociales concurrentes avaient le même statut dans l'abstrait. Leur poids relatif devait donc être mesuré dans le contexte factuel qui a causé le litige, compte tenu des intérêts concrets des uns et des autres, ainsi que du degré réel auquel ces intérêts contribuaient à leur bien respectif, considéré de leur propre point de vue. C'est donc le contexte qui justifia le bon ordre de priorité entre les valeurs concurrentes. Procéder autrement, écrivit-il, situerait l'interprétation de la loi à « un niveau d'abstraction qui ne tient pas compte des faits ».

De plus, conformément à la contrainte du juste, il se plia aux critères d'impartialité et de proportionnalité. Or, selon lui, une lecture cohérente du droit dans son ensemble montrait qu'il fallait admettre, non seulement l'existence du droit de propriété, mais aussi l'existence du droit de faire du piquetage paisible. Ce dernier droit était aussi légitime et reconnu par les lois en vigueur que le droit de propriété. Laskin refusa donc de trancher le litige « mécaniquement » sur la seule base du précédent (l'affaire *Peters*) :

> Cette Cour, plus que toute autre dans ce pays, ne peut pas appliquer simplement de façon automatique la jurisprudence antérieure, quel que soit le respect qu'elle lui porte. Dire que l'arrêt *Peters* ... fournit la solution au cas en l'espèce, c'est n'examiner qu'un seul aspect d'une question controversée et décider que le débat est clos sans avoir besoin d'entendre l'autre partie.[348]

Ainsi, conformément au principe d'impartialité, il considéra la question tant « du point de vue du propriétaire » du centre commercial que « du point de vue de la personne » faisant du piquetage licite.

Ensuite, il mesura et compara le poids des valeurs en conflit en contexte, conformément au principe de proportionnalité. Or, une lecture cohérente du droit dans son ensemble montrait que l'un des intérêts concrets que vise à protéger la doctrine du *trespass* était la protection de la vie privée des propriétaires. Il s'ensuivait, dit Laskin, que si c'était là ce que revendiquait le propriétaire, l'intérêt protégé (la vie privée) conférait

---

[348] *Harrison* c. *Carswell*, [1976] 2 R.C.S. 200, 205.

peu de poids au droit de propriété en tant que valeur sociale : un centre commercial ressemble plus à un centre-ville ou à un marché public qu'à une maison d'habitation. Le tort que le piquetage causait à l'intérêt protégé du propriétaire n'atteignait donc pas le même degré de magnitude que le tort que lui causerait un piquetage devant sa maison privée. De plus, si par ailleurs le propriétaire revendiquait son intérêt ou son droit de se mêler du conflit de travail alors, encore une fois, cela conférait peu de poids à la valeur sociale qu'est le droit de propriété, car le locataire n'avait pas demandé réparation.

Pour sa part, l'un des intérêts concrets que revendiquait la personne qui faisait du piquetage licite était de soutenir ses revendications en raison du conflit de travail avec son employeur qui était un locataire dans le centre commercial. Selon Laskin, l'importance de cet intérêt dans la vie des piqueteurs conférait beaucoup de poids à la valeur sociale en cause. Par ailleurs, un autre intérêt revendiqué était celui de toute personne faisant partie du public d'entrer et de rester dans le centre commercial sans en être expulsée de manière discriminatoire et capricieuse. Selon Laskin, cet intérêt réel est très important dans la vie des personnes concernées : il conférait ainsi un poids élevé à la valeur sociale du droit au piquetage paisible en raison de l'invitation générale faite au public.

Pour ces motifs, une interprétation de la loi favorable au droit de propriété porterait sérieusement atteinte au bien des piqueteurs sans que ce tort ne contribue de manière significative au bien du propriétaire du centre commercial. En revanche, une interprétation de la loi favorable au droit de la personne en grève de faire du piquetage paisible dans le centre commercial contribuerait de manière significative à son bien sans que cela ne nuise sérieusement au bien du propriétaire. Cette conclusion déterminait « ce qui est dû à chacun » et, par conséquent, la bonne interprétation de la loi litigieuse.

Dès lors, il fallait retenir la seconde interprétation. La pondération et la mise en équilibre des valeurs en conflit conformément à cette version de l'approche contextuelle permettaient au juge en chef Laskin de « rendre à chacun ce qui leur était dû » conformément aux principes d'impartialité et de proportionnalité, compte tenu du bien respectif des parties, examiné de leur propre point de vue. Le jugement de valeur du juge en chef n'était ni arbitraire ni une question d'opinion reflétant ses convictions personnelles : il était rationnel et objectif, soutenu par des faits empiriques pertinents examinés à la lueur du juste et du bien. Qui soutiendrait le contraire ?

Il est entendu que si cette opinion eût été majoritaire, elle aurait pu servir de précédent pour l'avenir : logiquement, chaque décision judiciaire contient une forme « d'universalité » intrinsèque à la notion de justice impliquant que tous les cas semblables doivent être traités de manière semblable. C'est pourquoi les juges formulent généralement leur conclusion sous forme de proposition générale ou de règle universelle à partir du cas d'espèce qui, à des fins de cohérence et d'intelligibilité, s'harmonise avec le reste des principes et des règles de droit reconnus. Cependant, la prudence doit rester de mise : le caractère universel de la proposition ou de la règle n'est jamais « absolu ». Devant tout nouveau cas litigieux, les juges doivent se demander, à la lumière du contexte factuel, quelle interprétation proposée de la loi est la plus juste compte tenu du bien de chacun compris de leur propre point de vue. Pour citer le juge en chef Laskin une autre fois : « La Cour établira des règles ici comme elle le fait dans d'autres domaines du droit, et définira ce qui est convenable selon le principe de droit (*the legal principle*) et les faits de l'espèce ».[349]

7. Objections

On pourrait avancer diverses objections contre l'approche contextuelle. On pourrait attaquer sa valeur sur un plan descriptif : on pourrait soutenir que les juges ne décident pas sur la base du juste et du bien ou, s'ils le font, c'est rare et c'est sans tenir compte du point de vue subjectif des personnes concernées. La réponse exigerait un examen approfondi des conventions d'interprétation et de ce qui rend intelligibles les décisions judiciaires. Ce que je ne fais pas ici.

D'autres pourraient s'y opposer pour des motifs normatifs : on pourrait admettre que le critère conventionnel ultime est le juste et le bien compris en contexte du point de vue subjectif des personnes affectées, mais que c'est un mauvais critère. Cette objection pourrait elle-même prendre plusieurs formes. L'une d'entre elles serait que cette approche valide et protège une forme de « subjectivisme » sans limites susceptible d'ouvrir la porte à l'anarchie.

Cette objection a été entendue maintes fois aux États-Unis contre le passage suivant formulé par la Cour suprême dans l'affaire *Casey* concernant l'avortement : « At the heart of liberty is the right to define one's own concept of existence, of meaning, of the universe, and of the mystery of

---

[349] *Id.*, 212.

human life. Beliefs about these matters could not define the attributes of personhood were they formed under compulsion of the State ».[350] William J. Bennett, par exemple, a soutenu que ce passage est un exemple, « of 'values clarification' being written not into school textbooks, but into Supreme Court opinion » :

> It is an open-ended validation of subjectivism ; whatever and however one defines life is not only valid but constitutionally protected. If this relativism becomes the coin of the judicial realm, we are in for very bad times indeed, judicially, politically, morally. If these words are taken seriously, how can we legislate against doctor-assisted suicide ? Or drug use ? Or prostitution ? Or virtually anything else, for that matter ? The danger is the anarchy that could come from such officially sanctioned rulings.[351]

Je voudrais offrir deux brèves réponses à cette objection. La première est qu'elle ne tient pas compte du principe de proportionnalité. En vertu de ce principe, on l'a vu, les torts ou les désavantages qu'une interprétation proposée impose aux uns (compte tenu de leurs conceptions du bien) ne doivent pas être excessifs par rapport aux gains ou aux avantages qu'elle confère aux autres (compte tenu de leurs conceptions du bien) : les avantages et les désavantages doivent être pondérés et mis en équilibre en contexte d'une manière impartiale. Ainsi, le principe de proportionnalité nous prémunit contre l'anarchie ; il empêche que n'importe quoi soit autorisé. De plus, puisque les torts que cause l'anarchie sont toujours très sérieux, il s'ensuit que les torts causés par des interprétations susceptibles de nous y conduire seront toujours, en toutes probabilités (sauf peut-être en de très rares exceptions), jugés excessifs et disproportionnés par rapport aux effets bénéfiques qu'elles produiraient.

---

[350] *Planned Parenthood* v. *Casey,* 505 U.S. 833, 851 (1992).

[351] William J. Bennett, « The End of Democracy ? A Discussion Continued », janvier 1997, *First Things*, published by the Institute on Religion and Public Life, en ligne : <https://www.firstthings.com/article/1997/01/001-the-end-of-democracy-a-discussion-continued>, (consulté le 25 juillet 2023). Dans l'opinion majoritaire de la Cour suprême de États-Unis rédigée par le juge Alito dans *Dobbs* v. *Jackson Women's Health Organization*, 597 U.S. ___(2022), 30-31, et 32, on retrouve des commentaires semblables : « While individuals are certainly free *to think* and *to say* what they wish about "existence," "meaning," the "universe," and "the mystery of human life," they are not always free *to act* in accordance with those thoughts. License to act on the basis of such beliefs may correspond to one of the many under standings of "liberty," but it is certainly not "ordered liberty." ... These attempts to justify abortion through appeals to a broader right to autonomy and to define one's "concept of existence" prove too much. ... Those criteria, at a high level of generality, could license fundamental rights to illicit drug use, prostitution, and the like. »

La seconde réponse est que le processus d'interprétation conformément à l'approche contextuelle n'est pas une forme de subjectivisme sans limites. Il est rationnel et objectif : il résulte d'une méthode d'analyse dont le but est la vérité ; le fondement des principes d'impartialité et de proportionnalité réside dans des conventions sociales ; et le contexte factuel qui inclut les points de vue subjectifs des uns et des autres est objectif.

8. Conclusion

L'approche contextuelle rend possible la résolution rationnelle et objective des questions d'interprétation qui, autrement, pourraient sembler insolubles. Prenons l'exemple fourni par Morissette tiré de l'affaire *Rodriguez*. Il demande : le droit à la vie comprend-il le droit de se donner la mort ou pas ?[352] Selon lui, nul raisonnement à l'intérieur du droit positif ne permettait de trancher d'une manière rationnellement irrésistible entre les deux interprétations possibles et il jugeait douteux que l'on puisse en trouver un à l'extérieur du droit positif.

Selon moi, s'il croyait cela, c'est parce qu'il posait la question dans l'abstrait, un peu à la manière de Hamlet lorsqu'il se demande : « to be or not to be ? ». Comme le montre son soliloque, Hamlet était incapable de répondre d'une manière rationnellement irrésistible à cette question abstraite et théorique. Si la question était plutôt posée dans un contexte factuel et si on considérait le poids des intérêts ou des valeurs en cause du point de vue subjectif des personnes affectées, alors la réponse pourrait être rationnellement irrésistible. C'est aussi en contexte, du reste, que Hamlet a finalement pu trancher le dilemme : en acceptant le duel avec Laërte tout en pressentant qu'il le perdra, il a choisi sa propre mort (« not to be »).

De manière semblable, dans l'affaire *Rodriguez,* l'approche contextuelle aurait pu conduire les juges à une interprétation rationnellement irrésistible, comme ce fut le cas dans l'affaire *Carter*, une décision unanime signée par « La Cour ».[353] Le premier paragraphe de la décision *Carter* est particulièrement significatif :

> Au Canada, le fait d'aider une personne à mettre fin à ses jours constitue un crime. Par conséquent, les personnes gravement et irrémédiablement malades ne peuvent demander l'aide d'un médecin pour mourir et peuvent être

---

[352] *Rodriguez* c. *Colombie-Britannique (Procureur général)*, [1993] 3 R.C.S. 519.
[353] *Carter* c. *Canada (Procureur général)*, [2015] 1 R.C.S. 331. Voir aussi les opinions dissidentes dans *Rodriguez*.

condamnées à une vie de souffrances aiguës et intolérables. Devant une telle perspective, deux solutions s'offrent à elles : soit mettre fin prématurément à leurs jours, souvent par des moyens violents ou dangereux, soit souffrir jusqu'à ce qu'elles meurent de causes naturelles. Le choix est cruel.

Il ne s'ensuit pas, bien entendu, que l'interprétation retenue selon l'approche contextuelle est correcte du point de vue d'une théorie morale abstraite objective – bien qu'elle puisse l'être – ni qu'il existe une base « absolument certaine » ou « universellement vraie » pour l'évaluer – bien qu'il puisse en exister une. Les juristes consciencieux ne cherchent pas la « Vérité », la « Justice » et le « Bien » en majuscules ou « en soi », mais la vérité, la justice et le bien en minuscules, en tant que valeurs humaines, conçues pour nous, êtres de chair, d'os, d'émotions et de raison. Ils répondent à une question de « droit » et, à cette fin, il n'est nul besoin de supposer une réalité plus profonde ou un degré de certitude plus absolu que ce à quoi nous avons accès dans le monde de l'expérience humaine pour prétendre connaître la bonne interprétation dans un cas spécifique. Les juristes sont semblables aux médecins d'Aristote : un médecin, disait-il, ne considère pas la santé dans l'abstrait et n'agit pas à partir de ce que signifie la santé « en soi » ; le médecin « n'a d'attention que pour la santé de l'homme ou, mieux même, de tel homme en particulier ».[354]

Il n'en découle pas non plus que la vérité des propositions interprétatives peut être établie à la satisfaction de « tous les observateurs autorisés ». Cette forme de vérité associée à la doctrine positiviste signifie qu'à moins de pouvoir être vérifiées empiriquement (vérités de fait) ou démontrées apodictiquement (vérités de raison) à leur satisfaction, les interprétations proposées ou retenues ne peuvent pas être objectivement vraies. Pourtant, même en sciences, il existe des désaccords entre observateurs autorisés : des physiciens reconnus ne s'accordent pas sur les éléments fondamentaux de la matière, des archéologues spécialisés se disputent à propos de l'interprétation à donner à certains vestiges, etc. Il ne s'ensuit pas l'inexistence d'une vérité objective en ces matières, bien qu'elle puisse être difficile à atteindre, voire impossible, compte tenu de nos instruments d'observation. Le désaccord raisonnable en matière d'interprétation des textes de loi litigieux peut aussi être compatible avec le fait qu'il en existe une seule dont on puisse dire qu'elle est correcte et que la proposition qui l'exprime est vraie.

Il ne s'ensuit pas non plus que les juges peuvent découvrir la bonne réponse à toutes les questions d'interprétation. Les interprètes, on le sait,

---

[354] Aristote, supra note 142, I, vi, 16. L'assertion critiquait la théorie des Idées avancée par Platon.

sont faillibles. La connaissance des faits est souvent imparfaite, controversée ou fonction de certaines expertises spécialisées. De plus, il est des questions d'interprétation qui ne relèvent pas tant de la « justice » que de la politique et de l'utilité – ce que l'on nomme traditionnellement la « sagesse » ou « l'opportunité » des lois et des politiques publiques : combien d'immigrants doit-on accueillir dans une année, compte tenu de la démographie, des besoins de main-d'œuvre, de la capacité d'accueil et de la cohésion sociale ? Quelle est la cible de réduction des émissions de GES acceptable, compte tenu de l'engagement à atteindre la carboneutralité d'ici 2030 et le maintien d'une économie forte, 15 % sous les niveaux de 1992 ou 45 % sous les niveaux de 2005 ? Quel financement doit-on allouer à la promotion du multiculturalisme, compte tenu de l'objectif d'unité et des besoins financiers en matière de santé et d'éducation ? Ces difficultés sont manifestes en droit administratif, car les textes de loi peuvent utiliser des termes très généraux (« l'intérêt public », « taux équitable », « soins raisonnables »), et en droit constitutionnel, notamment aux fins de l'interprétation des compétences législatives (« à quel moment une menace à l'environnement peut-elle être considérée criminelle ? », « Est-il opportun de réglementer la concurrence dans le secteur privé ou le développement des ressources naturelles ? », « À quel degré l'inflation cause-t-elle une crise économique justifiant l'utilisation du pouvoir d'urgence ? »).

Dans tous ces cas, les interprètes consciencieux peuvent avoir des raisons de douter de leur interprétation, voire de leur capacité de connaître ou de découvrir la bonne réponse. Ils peuvent même être convaincus qu'il leur est impossible de la déterminer, compte tenu de la force probante insuffisante de la preuve disponible ou du caractère politique et incommensurable des considérations pertinentes. Ils peuvent aussi être convaincus qu'une personne ou une institution plus spécialisée ou « experte » qu'eux serait mieux placée pour interpréter le texte d'une manière plus juste ou plus utile. Le cas échéant, ils pourraient reconnaître, pour des motifs d'ordre épistémologique, un devoir fondamental de faire preuve de *déférence* à l'égard de l'autorité légitime qui a le pouvoir de mettre en œuvre le texte de loi en question, législation ou constitution, à moins qu'il soit démontré que l'interprétation retenue est dénuée de tout fondement rationnel, de vraisemblance, de plausibilité ou de sincérité.[355] Cela ne signifierait pas qu'il n'existe pas un état de choses objectif dans le monde en vertu duquel une interprétation donnée serait vraiment la meilleure. Mais que tout interprète consciencieux

---

[355] Mes vues sur la théorie du fondement rationnel (ou sur le « raisonnable ») sont exposées dans Tremblay, supra note 53.

doit faire preuve de prudence avant de trancher; il doit manifester les vertus de ce qu'on pourrait nommer le « sceptique rationnel » – non pas de celui qui doute ou qui nie que la vérité est atteignable en matière d'interprétation, mais de celui qui se méfie des dogmatismes et qui admet qu'il puisse être difficile de la trouver dans un monde complexe, pluraliste et multiculturel.

Enfin, il ne s'ensuit pas qu'une pluralité d'interprétations contradictoires également valables est impossible. On peut concevoir des cas où les points optimaux des diverses interprétations raisonnables concurrentes produisent une sorte de jeu à somme nulle. Cela peut être indifférent lorsque l'interprétation finalement retenue ne cause aucun tort particulier aux personnes affectées. Mais ils peuvent aussi être tragiques, car dès que les juges privilégient une interprétation au détriment des autres, les intérêts des uns peuvent être sacrifiés au bénéfice des intérêts de ceux que privilégie cette interprétation sans que l'on puisse leur fournir une bonne raison. C'est une injustice. Mais ces cas demeurent assez rares, car lorsqu'on applique les principes d'impartialité et de proportionnalité en contexte, lorsqu'on va « au fond des choses », comme le dit Morissette, le jeu est rarement à somme nulle.

Un dernier mot à ce sujet. On pourrait croire que là où une pluralité d'interprétations contradictoires semblent également valables, il n'existe pas une seule interprétation du texte de loi litigieux dont on puisse dire qu'elle est la bonne. Mais cela pourrait être erroné. Dans certains cas, il peut néanmoins exister une seule bonne interprétation: celle qui admet cette pluralité d'interprétations contradictoires également valables. Dans ces cas, la bonne interprétation se situerait probablement à un niveau plus élevé de généralité par rapport à cette pluralité. Par exemple, la bonne interprétation de la « liberté de religion » pourrait justifier en même temps une interprétation selon laquelle une pratique donnée est réellement religieuse et l'interprétation contraire selon laquelle cette même pratique est non religieuse, une hérésie, un blasphème ou un sacrilège – en raison des croyances d'autres religions (dessiner une image représentant Dieu, par exemple). Le cas échéant, la bonne interprétation de la liberté de religion serait formulée en termes suffisamment généraux pour admettre les interprétations contradictoires proposées par les parties, compte tenu de leur conception subjective de la religion (en tant qu'élément constitutif de leur « bien »), à la condition qu'elles soient sincères et plausibles. C'est ce que pourraient exiger des juges le juste et le bien selon l'approche contextuelle.[356]

---

[356] Pour une argumentation en ce sens, voir: Tremblay, supra note 141.

Conclusion

En 1924, lors d'une visite au château de Kronborg au Danemark, l'expert en physique théorique, Niels Bohr, partageait cette réflexion avec son collègue Werner Heisenberg :

> N'est-il pas étrange que ce château soit tout autre dès que l'on imagine que Hamlet y a vécu ? En tant que scientifiques, nous croyons qu'un château consiste en ses seules pierres, et nous admirons la manière dont l'architecte les a assemblées. Les pierres, le toit vert, avec sa patine, les bois taillés dans l'église, forment le château. Rien de tout cela ne devrait être changé. Soudain, les murs et les remparts parlent un tout autre langage. La cour devient un monde à part entière, un coin sombre nous rappelle les ténèbres de l'âme humaine, nous entendons Hamlet prononcer « être ou ne pas être ». Pourtant, tout ce que nous savons de Hamlet est le fait que son nom apparaît dans une chronique du XIIIe siècle. Nul ne peut prouver que Hamlet a vraiment vécu ici. Mais chacun connaît les questions que Shakespeare lui a fait poser, les profondeurs humaines qu'il a été conçu pour révéler ; ainsi lui aussi devait trouver une place sur terre, ici à Kronborg. Dès que nous savons cela, Kronborg devient pour nous un château entièrement différent.[357]

La théorie du pluralisme interprétatif avancée par Morissette fait penser au discours des scientifiques qui observent le château de Kronborg. Elle voit la forme empirique des choses. Ainsi, tout comme le château des scientifiques pourrait être habité par n'importe qui et recevoir n'importe quel récit, les mots des textes de loi litigieux peuvent recevoir n'importe quelle interprétation raisonnable. D'où la conclusion qu'il n'y a *donc* pas une seule interprétation des textes de loi litigieux dont on puisse dire qu'elle soit la bonne et qu'il n'existe aucun ordre de priorité entre les valeurs juridiques ou non juridiques, aucun principe privilégié, aucun standard objectif en vertu duquel tout le reste pourrait être évalué, ni dans l'abstrait ni en contexte. Il existerait une pluralité d'options raisonnables et tout serait

---

[357] La traduction est tirée de : <https://ailleurs.hypotheses.org/files/2016/11/Faire-des-mondes.pdf>, (consulté le 25 juillet 2023).

finalement une question d'opinion et de pouvoir. Pourtant, rien de cela ne va de soi. Le « donc » dans le raisonnement qui précède n'indique pas une conséquence logique ou apodictique. Le pluralisme interprétatif ne résulte pas nécessairement d'une observation empirique du droit, car le droit possède aussi une dimension conventionnelle substantielle qui lui donne « vie », une dimension qui est généralement exclue de la réalité juridique par le regard scientifique des positivistes qui ont les yeux fixés sur les mots et leur texture ouverte.

Le château « entièrement différent » de Niels Bohr exprime une autre version du pluralisme interprétatif. Selon elle, dès que l'on imagine que Hamlet y a vécu, « les murs et les remparts parlent un tout autre langage » que celui des scientifiques. Ce langage constitue un monde à part entière : il représente un ordre, des vies, des significations et des vérités, telles que le fait que Hamlet y a vécu et qu'il y a révélé les profondeurs de l'âme humaine, ainsi que des réflexions morales et philosophiques fondamentales. Ce langage occupe un espace distinct de la raison humaine. Il est situé quelque part entre le langage des scientifiques et les récits tous azimuts que tout un chacun pourrait créer à propos du château. Il participe d'une pratique sociale distincte, la pratique littéraire, morale et philosophique fondée sur l'œuvre de Shakespeare. Ce serait une corruption de la pensée que de tenter de percer ce langage distinct par les méthodes et les raisonnements scientifiques propres à la physique théorique ou à l'histoire. Cette version du pluralisme interprétatif admet qu'il peut exister des vérités formelles et substantielles à propos du château de Kronborg ou des opinions qui soient vraies ou objectivement supérieures à d'autres. Mais ces vérités, si elles existent, sont internes aux pratiques sociales pertinentes : certaines sont scientifiques, d'autres littéraires; et elles dépendent des critères de vérité, des principes ou standards objectifs critiques qui y sont proprement admis.

Selon cette version du pluralisme interprétatif, la distinction catégorique proposée par Morissette entre le vrai-faux et le raisonnable-déraisonnable tend à s'estomper : des opinions peuvent être à la fois raisonnables et vraies ou déraisonnables et fausses. Par exemple, l'opinion que « l'œuvre entière de Modigliani est bonne à jeter à la poubelle » est certainement *déraisonnable*, comme il l'affirme en se plaçant d'un point de vue scientifique. Cependant, du point de vue des critères d'évaluation des œuvres d'art propres aux pratiques de la critique d'art et du marché de l'art, l'affirmation n'est pas que déraisonnable : elle est *fausse*.[358] Il n'y a là aucun abus de langage,

---

[358] Morissette, « Rétrospective », supra note 24, 41. Elle serait aussi fausse que celle qui affirmerait que « la période de 1909 à 1914 de Modigliani n'a aujourd'hui aucune

à moins de vouloir imposer aux jugements des critiques d'art ou des collectionneurs des conditions de vérité scientifique qui ne sont pas les leurs. De même, Morissette a raison de soutenir que l'affirmation « Lisbonne est la capitale du Portugal » n'est pas apodictique, mais « an assertoric and uncontroversial statement contingent on history and geography ».[359] Mais je ne crois pas qu'il serait juste de dire qu'elle est « simply held to be true » par quelque personne ou quelque autorité détenant le pouvoir de l'affirmer. Pour les citoyens qui l'affirment, cette assertion est *correcte* et *vraie* en raison des conditions de vérité internes à une pratique socioculturelle distincte, la géopolitique contemporaine. J'imagine difficilement un juriste affirmer sans sourire devant la Cour d'appel que « l'assertion que 'Lisbonne est la capitale du Portugal' n'est pas 'vraie'; elle n'est pas 'correcte': elle est simplement raisonnable, non controversée et 'tenue pour vraie' ». Un juge pourrait légitimement hausser les sourcils.

Pour des motifs semblables, tenter de percer le langage du droit par les méthodes, les raisonnements et les critères de vérité propres à la physique théorique ou aux sciences démonstratives constitue un sérieux obstacle à la connaissance juridique. Il est indéniable, comme l'écrivait Sanford Levinson, que « [t]here are as many plausible readings of the United States Constitution as there are versions of *Hamlet* ».[360] Mais cela ne nous dit rien à propos des critères d'une bonne interprétation internes aux pratiques interprétatives pertinentes permettant d'évaluer la vérité (et la force normative) des diverses interprétations plausibles. J'ignore s'il en existe pour interpréter correctement *Hamlet* ni même s'il est désirable qu'il y en ait. Mais il y a de bonnes raisons de croire qu'il en existe en droit – et j'ajouterais qu'il est désirable qu'il y en ait, afin de faire contrepoids à la primauté de l'opinion et à la tentation de réduire la vérité à une simple question de pouvoir.

FIN

---

valeur économique », car du point de vue des critères d'évaluation économique propres au marché de l'art, la cote de Modigliani pour cette période est très élevée.

[359] Morissette, « Reasonable Decision », supra note 24, 238.
[360] Levinson, supra note 249.

MARQUIS

Québec, Canada

Imprimé sur Rolland Enviro®.
Ce papier contient 100% de fibres recyclées durables,
est fabriqué avec un procédé sans chlore
et à partir d'énergie biogaz.